실내와 야외에서 하는 *197* 가지 재미있는 오락 게임

레크리에이션 도감

엮은이 이재광

지식서관

실내와 야외에서 하는

*197*가지 재미있는 오락 게임

레크리에이션 도감

펴낸이/이홍식

엮은이/이재광

발행처/도서출판 지식서관

등록/1990.11.21 제96호

경기도 고양시 덕양구 벽제동 564-4

전화/031)969-9311(대)

팩시밀리/031)969-9313

e-mail/jisiksa@hanmail.net

초판 1쇄 발행일 / 2012년 8월 10일

머리말

레크리에이션(Recreation)은 문예 부흥기에 인간 개조의 필요성을 주장했던 인문주의자들에 의해서 사용된 말로서, 여가(餘暇)를 이용하여 심신의 피로를 풀고 새로운 활력을 불어넣기 위해 즐기는 오락이나 스포츠 등의 활동, 또는 휴양을 말한다.

레크리에이션은 어떤 활동에 대한 각자의 흥미와 욕구에 의해서 이루어지는 것이다. 즉, 어떤 사람은 앉아서 바둑이나 장기를 즐기는가 하면 어떤 사람은 등산이나 낚시, 독서를 즐기는 사람도 있다.

이처럼 사람마다 서로 다른 성격과 취미를 가지고 있으므로 레크리에이션에서도 마찬가지다.

따라서, 자기 스스로 만족과 희열을 느낄 수 있는 레크리에이션에 참여함으로써 기쁨과 행복을 느낄 수 있을 뿐만 아니라 여러 사람들과 서로 어울려 즐기는 가운데 친숙한 인간 관계를 맺을 수 있는 훌륭한 기회를 갖게 되기를 바란다.

차 례

제3장 적은 인원으로 하는
즐거운 게임

제4장 3인 이상으로 하는
즐거운 게임

제5장 리더를 중심으로 하는
즐거운 게임

제6장 팀 대항 릴레이로 하는
즐거운 게임

제 1 장

소개 게임

이름 릴레이

처음 시작하는 사람부터 차례대로 참석자의 이름
을 불러서 소개하는 게임.

준비물 필요 없음.

노는 법

① 멤버가 원을 그리고 앉는다.

② 처음 시작하는 사람은 "저가 A입니다."라고 소
개한다. 다음 사람은 "저는 A씨 옆의 B입니다."라
고 소개한다.

③ 차례대로 이름을 불러서 릴레이해 나간다.

④ 이름을 빠뜨리거나 잊어버리면 잘못을 고친다.

두 줄의 원을 만들어 노래를 부르고 돌면서, 노래가 끝나
면 마주 보게 된 사람끼리 자기 소개를 하는 게임.

준비물 필요 없음.

노는법

❶ 두 개의 원을 만든 다음 노래를 부르면서 안쪽
원에 있는 사람과 바깥쪽 원에 있는 사람이 반대
방향으로 걷는다.

❷ 노래가 끝났을 때 서로 마주 서게 된 두 사람은
악수를 하고 자기 소개를 한다. 이것을 순차적으로
계속한다.

처음
뵙겠습
니다!

3 가위바위보 콜

리더의 신호로 가위바위보를 해서 같은 손을 낸
사람의 이름을 빨리 말한 사람이 이기는 게임.

준비물 필요 없음.

노는 법
❶10명 정도로 조를 만들어서 자기 소개를 한다.

❷리더의 신호로 가위바위보를 해서 같은 손을 낸
사람의 이름을 빨리 말한다. 이름을 알아맞힌 사람
이 이기고 상대의 손목을 한 번 때린다.

❸리더가 "그만!" 할 때까지 되풀이한다.

14

노래를 부르면서 명찰을 돌리고, 신호를 하면 명찰의 주인에게 명찰을 찾아 주는 게임.

준비물 참석자의 명찰.

노는법

❶ 전원이 둥글게 늘어선다.

❷ 각자의 이름을 쓴 명찰을 만든다.

❸ 전원이 리더가 정하는 노래를 부르면서 명찰을 오른쪽으로 돌린다.

❹ 리더가 신호를 하면 명찰 주인에게 돌려 준다. 모르는 경우는 다음 차례에 혼자서 노래한다.

소개 게임

자기 소개문을 쓴 명찰을 각자가 만들고, 정한 숫자만큼 건네 준다. 지명하는 대로 낭독하는 게임.

준비물 카드, 연필.

노는법
① 각자 자기 소개의 내용인 카드를 만든다.
② 리더가 정한 수만큼 원을 그리고 건네 준다.
③ 리더의 지명에 따라 가지고 있는 카드를 낭독한다.

16

선물 고마워! 6

각자가 소품을 옆사람에게 건네 주는데, 정지 신호에 따라 자기의 소품을 가지고 있는 사람에게 인사와 함께 자기 소개를 한다.

준비물 적당한 소품.

노는법
❶전원이 소품을 가지고 둘러선다.
❷리더의 신호로 노래를 부르면서 소품을 돌리다가 중지 신호에 멈춘다.
❸각자 자기 소품을 가지고 있는 사람에게 가서 인사한 후에 자기 소개를 하고 선물로 준다.

7 내가 누구였지?

전원이 남의 이름으로 바꾸고, 진짜 이름으로 지명
하면, 바꾼 이름으로 대답을 하는 게임.

준비물 필요 없음.

노는법

❶ 각자가 다른 멤버의 이름으로 바꾸고, 그것을
외워 둔다.

❷ 술래가 진짜 이름으로 본인을 부르면 바뀐 사람
이 대답한다. 손으로 진짜 본인을 가리키면서 하면
더욱 재미있다.

❸ 진짜 이름으로 대답해 버린 사람은 벌로 노래를
부른 후, 술래가 된다.

나야!

넷! …아차,
내가 아닌데.

진짜 동연

동연이!

노래해!

18

책 뒷면에 키워드가 되는 말을 써붙여 건네 주는데, 지명된 사람은 그 말(단어)를 넣어 자기 소개를 한다.

준비물 참가 인원수만큼의 책과 종이, 셀로판테이프.

노는법
① 각자가 키워드를 써서 책 뒷면에 붙인다.

② 리더의 신호로 책을 돌리기 시작하고, 신호에 따라 중지한다.

③ 리더의 지명으로, 키워드의 단어를 넣어 자기 소개를 한다.

참조 키워드를 노래의 멜로디로 해도 재미있다.

그건 나야.

음… 내 얼굴은 하양고…

9 포즈 전달

3가지의 동작과 자기 소개를 포함시켜, 순차적으로
포즈를 취한다. 잘못한 사람은 자기 소개를 한다.

준비물 필요 없음.

노는법 ❶지명된 순서대로 다음과 같은 동작을 취한다.
첫번째~ "원!"이라고 한다.
두 번째~한쪽 손으로 V 사인.
세 번째~양손을 구부려 빅토리 포즈.
네 번째~자기 소개.

❷틀린 사람은 1분 동안 자기 소개를 한다.

참조 인원수에 따라 동작의 수를 늘인다.

20

왼손만으로 쓴 이름을 모으는 게임.

준비물 종이와 볼펜.

노는법

❶각자가 종이와 볼펜을 준비한다.

❷멤버 사이를 돌아다녀, 준비한 종이에 각자의 이름을 써 받는다.

❸처음부터 끝까지 왼손만을 사용한다(단, 왼손잡이는 오른손으로).

❹멤버 전체의 이름을 가장 빨리 받아 오는 사람이 우승.

30초 어필

둘러서서 차례로 30초 동안 자기 소개를
하는 게임.

준비물 모래 시계(30초계).

노는법
❶둘러서서 가위바위보로 시계 담당을 정한다.
❷시계 담당이 된 사람이 자기 소개를 시작한다.
❸30초를 모두 사용하고 정지 신호가 나면 도중이
라도 그만한다. 다음 사람이 교대해서 시계 담당이
된다.

참조 시간은 적당하게 단축해도 좋다.

같은 끈을 잡은 두 사람이 서로 자기 소개를 하는 게임.

준비물 긴 끈 1개, 짧은 끈 여러 개, 보자기.

노는 법

① 리더는 같은 끈을 잘 모르도록 보자기로 덮어 숨긴다.

② 멤버는 각각 원하는 끈을 잡는다.

③ 리더의 신호로 멤버는 끈을 당긴다.

④ 같은 끈을 잡은 사람끼리 자기 소개를 한다.

13 사진 콘테스트

어렸을 때의 사진을 보고 그것이 누구의 사진인가를 알아맞히는 게임.

준비물 종이, 필기구, 각 멤버의 어렸을 때 사진.

노는법

❶ 참가자는 자기의 사진 뒷면에 자기 이름을 써놓는다.

❷ 리더는 그 사진들을 모아, 번호를 붙이고 책상 위에 펼쳐 놓는다.

❸ 참가자는 어느 사진이 누구인가를 종이에 적는다.

❹ 정답이 많은 사람이 승리.

저게 누구지? 14

구멍으로 비치는 눈·코·입만 보고, 누구의
얼굴인지를 알아맞히는 게임.

준비물 실물 크기의 얼굴을 그리고, 눈·코·입 부분
을 오려낸 널판지.

**노는
법** ❶널판지 뒤쪽에 몇 사람의 멤버가 숨는다.

❷그 중의 한 사람이 오려낸 구멍으로 눈, 코, 입
등을 내민다.

❸나머지 멤버는 그 눈, 코, 입 등을 보고 누구 얼
굴인가를 알아맞힌다.

저 사람은 이런 사람?

자기 소개를 남에게 시키고, 소개된 본인이 채점
을 하여 점수를 다투는 게임.

준비물 필기 도구.

노는법
❶각자 자기 소개 자료를 만들어 카드에 싣는다.

❷자료 카드에서 리더가 한 장을 골라 자기 소개
를 받는 사람과 하는 사람을 지명한다.

❸지명된 사람은 자기에 대한 것을 얼마만큼 상세
하게 소개되었는가를 채점하고 다음 지명을 한다.

음… 내 이름은
○○이고, 고양이를
좋아해서

틀렸어!

제 2 장

머리가 빙글빙글 도는

즐거운 게임

이게 무슨 소리지?

모두가 잘 알고 있는 일용품의 소리를 듣고 무엇
인가를 알아맞히는 게임.

준비물 종이, 필기구, 칸막이, 일용품.

노는법

❶ 리더는 여러 가지 일용품을 가지고 칸막이 뒤로
숨는다.

❷ 리더는 그 일용품을 차례차례 두들겨 소리를 내
고, 멤버들은 그 소리를 잘 기억해 둔다.

❸ 시간이 되면, 멤버들은 어떤 물건의 소리가 났
는지를 차례로 종이에 적는다.

❹ 정확한 리스트를 만든 사람이 승리.

모두의 답을 듣고, 어떤 인물의 이름을 알아맞히는 게임.

준비물 종이, 필기구, 셀로판테이프.

노는법

❶술래를 한 사람 정하고, 그 사람의 등에 어떤 인물의 이름을 쓴 종이를 셀로판테이프로 붙인다.

❷술래는 모두에게 여러 가지 질문을 하고, 그 대답을 정리해서, 누구의 이름이 자기의 등에 붙어 있는가를 알아맞힌다.

❸시간을 재어 가장 빨리 알아맞힌 사람이 승리.

18 무얼 마시겠습니까?

눈을 가리고 상대의 목소리를 듣고 누군가를 알
아맞히는 게임.

준비물 눈 가리개.

노는법

① 눈을 가린 술래를 한가운데에 앉히고 모두가 둘
러앉는다.

② 술래가 어느 사람에게 "무얼 마시겠습니까?" 하
고 묻는다. 질문을 받은 사람은 "아니, 괜찮습니
다."라든가 "커피를 부탁합니다."라고 대답한다.

③ 그 목소리를 듣고, 술래는 상대의 이름을 알아
맞힌다. 대답하는 사람은 지어낸 목소리 등으로,
누구인지 모르게 한다.

손으로 더듬는 게임 19

모두가 잘 알고 있는 물건의 이름을 손으로 만져
서 알아맞히는 게임.

준비물 눈 가리개, 소품 몇 개.

노는법

❶참가자는 책상 앞에 앉아 눈 가리개를 한다.

❷리더는 준비한 소품 중에서 하나를 골라 책상
밑으로 선두에 있는 사람에게 건넨다.

❸순차적으로 옆사람에게 전달해 나가서, 전원이
모두 만져 보고 나면 리더는 한 사람을 지명해서
소품의 이름을 묻는다.

터치 사인

손가락으로 등에 쓴 친구의 이름을 알아맞히는
게임.

준비물 눈 가리개.

노는법
❶술래를 정해서 눈 가리개를 씌운다. 다른 멤버
는 원을 그리고 앉는다.

❷리더는 술래를 멤버의 한 사람에게 데리고 가서
그 사람에게 "당신 이름은?" 하고 묻는다.

❸질문을 받은 사람은 술래의 등에 자기 이름을
손가락으로 쓴다.

❹이름을 알아맞히면 술래와 교대한다.

승현이지?

동연

풍선 맞히기 21

눈 가리개를 한 술래가 멤버들의 말을 듣고 풍선
이 있는 곳으로 가서 풍선을 맞히는 게임.

준비물 풍선, 수건, 막대기, 끈.

노는법
❶ 지명된 사람은 눈 가리개를 하고, 그 자리에서 3
바퀴를 돌게 한다.

❷ 멤버들은 "좀더 오른쪽", "거기야" 등으로 소리
치며 지시를 한다.

❸ 술래는 풍선이 있다고 생각되는 곳에 가서 막대
기를 내리친다.

손만 잡아 봐도 알아

눈 가리개를 한 술래가 누군가의 손을 잡아 보고
그 사람을 알아맞히는 게임.

준비물 눈 가리개.

노는법

❶ 술래 한 사람을 정하고 눈 가리개를 씌운다.

❷ 다른 멤버는 술래를 중앙으로 원을 짓고 둘러서
서 손바닥을 쳐서 술래에게 방향을 알려 준다.

❸ 술래는 누군가의 손을 잡으러 가서 그것이 누구
의 손인가를 알아맞힌다.

❹ 이름이 밝혀진 사람은 술래와 교대한다.

이 손은…
동연이 같은데.

눈 가리개를 하고 멤버들의 도움을 받아 장애물을 피해서 골인하는 게임.

준비물 눈 가리개, 주변의 생활 용품 몇 가지.

노는법

❶출발점과 도착점을 정하고, 그 도중에 의자나 물통 등의 장애물을 적당하게 놓는다.

❷술래는 출발점에 서서 장애물이 있는 장소를 확인하고 나서 눈 가리개를 하고 골로 향한다.

❸멤버들의 "좀더 왼쪽으로", "약간 오른쪽으로" 등의 말을 참고로 장애물에 부딪치지 않고 빠리 골인하도록 한다.

OK, OK!

부딪쳐!
왼쪽으로!

왼쪽?

24 자기 얼굴 그리기

얼굴에 도화지를 대고, 사인펜으로 자기 얼굴을 그려 나가는 게임.

준비물 도화지, 사인펜.

노는법
❶ 대표자 2사람은 멤버 앞으로 나가 도화지를 얼굴에 붙인다.

❷ 리더의 지시에 따라 자기 얼굴을 사인펜으로 도화지에 그린다.

❸ 잘 그린 쪽이 승리.

참조 리더는 "오른쪽 눈", 다음은 "왼쪽 눈썹"처럼 불규칙하게 지시한다.

36

도화지에 그린 그림을 보고 그것이 무슨 그림인
가를 알아맞히는 게임.

준비물 도화지, 매직펜, 필기구.

노는법

① 2조로 나누어 각 조에서 대표자를 번갈아 하나
씩 뽑는다.

② 출제자는 어떤 단어를 써서 대표자에게 보여 준
다. 대표자는 그 단어를 그림으로 그려 모두에게
보인다.

③ 제한 시간 안에 무슨 그림인가를 알아맞히면 된
다. 대표자는 글씨를 쓰거나 말을 해서는 안 된다.

흉내 그림 그리기

옆사람이 그린 그림을 흡사하게, 그리고 빨리 흉내내어 그리는 게임.

준비물 도화지, 사인펜.

노는법

❶ 5명의 대표자는 도화지 앞으로 가로로 줄지어 선다.

❷ 오른쪽 끝에 있는 사람은 마음 가는 대로 그림을 그린다. 다른 사람들은 오른쪽에 있는 사람이 그린 그림을 보고 그것을 모방한다.

❸ 제일 왼쪽에 있는 사람이 정확한 '모방 그림'이 완성되기까지의 시간을 잰다.

38

패션쇼   27

신문지를 이용해서 패션 모델에게 새로운 패션을 경합하는 게임.

준비물 신문지, 가위, 셀로판테이프.

노는 법

❶ 3~4명이 조를 만들어 한 사람이 패션 모델이 된다.

❷ 일정 시간 내에 신문지와 셀로판테이프로 의복을 창작하여 패션을 경합한다.

❸ 패션쇼를 할 때, 무엇을 만들었는가를 설명해야 한다.

모자와 옷이야.

드레스와 구두.

28 화장하기

여자 짝이 남자에게 화장을 해 주는 게임.

준비물 리본, 화장품.

노는법

❶ 남녀 한 사람씩 짝을 이룬다.

❷ 남자를 의자에 앉게 한 후 여자는 남자에게 아름답게 화장을 해 나간다.

❸ 최고의 메이크업을 한 팀에게 '미남상' 과 '화장상' 을 준다. 상품은 값비싼 것으로 준비한다.

잘 부탁해!

어때, 내 솜씨!

여러 가지 물건을 사용하여 변장을 즐기는 게임.

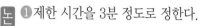

준비물 가짜 수염, 가발, 지팡이, 코트, 모자, 치마.

노는법
① 제한 시간을 3분 정도로 정한다.
② 각자 할아버지, 할머니, 생선 가게 주인, 목수 등으로 변신하는 대상을 정하고 정해 준 시간 내에 변장한다.
③ 가장 자연스럽게 변장한 사람이 우승.

뛰어올라 회전하는 게임.

준비물 필요 없음.

노는법

❶ 두 발을 모아 똑바로 서서 뛰어올라 180도 회전한다.

❷ 착지했을 때는 비틀거리지 않고 똑바로 자세를 취한다.

❸ 이번에는 360도 회전한다. 즉, 뛰어올라 한 번 회전하고 원위치로 착지한다.

어떤 정해 준 동물의 흉내를 내어 뛰거나 걷거나
하는 게임.

준비물 필요 없음.

노는 법

❶**토끼** 웅크려서 두 손으로 귀를 만들고 깡총깡총
뛴다.

❷**개구리** 웅크려서 두 손을 앞으로 짚는 것과 동
시에 뛰어서 두 다리를 두 손 사이로 넣도록 한다.

❸**게** 엎드려 옆으로 걸으면서 손가락을 가위질하
듯 움직인다.

❹**펭귄** 두 손을 뒤로 돌리고 무릎을 붙여 걷는다.

토끼

개골개골.

개구리

여기는 북극.

게

펭귄

윙크맨

술래에게 발각되지 않도록 누군가에게 윙크를 보내는 게임.

준비물 필요 없음.

노는법
❶술래 이외에 몰래 윙크맨 한 사람을 정한다.

❷술래를 가운데에 세우고 모두가 원을 그린다. 윙크맨은 술래에게 발각되지 않도록, 멤버 중의 누군가에게 3초 정도 윙크를 보낸다.

❸윙크를 받은 사람은 술래에게 발각되지 않도록 몰래 다른 사람에게 윙크를 보낸다. 계속 윙크를 보내다가 술래에게 발각된 사람은 술래가 된다.

몸짓·손짓의 제스처로 자기 편에게 어떤 말을
전달하는 게임.

준비물 종이, 필기구.

노는법
❶참가자를 두 팀으로 나눈다.

❷각 팀은 종이에 쓴 문제를 교대로 상대 팀의 한
사람에게 출제한다.

❸출제받은 사람은 그것을 제스처로 표현하여 자
기 편에게 알려 준다.

❹제스처로 하지 않고 말을 하거나 제한 시간 안
에 정답이 나오지 않으면 패배.

원숭이!

게!

각 멤버의 포즈가 어떻게 변했는가를 알아맞히는
게임.

준비물 필요 없음.

노는법

❶ 몇 명의 멤버는 제나름대로의 포즈로 줄을 서
고, 선정된 탐정은 그 포즈를 3분 동안 외운다.

❷ 탐정은 뒤로 돌아선다. 그 사이에 각 멤버는 신
체의 한 곳만 자신의 포즈나 소유물을 바꾼다.

❸ 탐정은 누구의 어느 곳 또는 어느 물건이 바뀌
었는지를 알아맞힌다. 한 곳이나 한 가지를 알아맞
히면 득점. 탐정은 계속 교대하여 게임한다.

고생이
많아.

누가 모자를
쓰고 있었지?
오른손을 흔든
사람은?

46

줄 서 있는 순번이 어떻게 변했는가를 알아맞히
는 게임.

준비물 인원수만큼의 의자.

❶10~15명의 멤버는 의자에 앉고, 선정된 두 사람
의 탐정은 1분 안에 그 순번을 외운다.

❷탐정 두 사람은 방 바깥으로 나간다. 그 사이에
멤버 중의 두 사람이 위치를 바꾼다.

❸탐정은 방으로 되돌아와서 어느 누구가 자리를
바꾸었는지를 알아맞힌다.

아깝지만
틀렸어.

승현이와
동연이!

36 예스와 노

영어의 '예스'와 '노'를 반대로 사용하는 게임.

준비물 필요 없음.

노는법

❶술래 한 명을 정하고 다른 멤버는 가위바위보로 순번을 정해 놓는다.

❷술래는 첫번째 사람에게 '예스(그래).' '노(아니오).'로 대답할 수 있는 질문을 여러 번 한다.

❸질문을 받은 사람은 보통과는 거꾸로, 맞을 때는 '노.', 틀릴 때는 '예스.'라고 즉시 대답한다.

❹'예스.'와 '노.'를 틀리게 대답하면 패배. 술래와 교대한다.

참조 ❶술래 "당신은 한국 사람입니까?"

❷남자 "노!"

❸술래 "당신은 매일 화장을 합니까?"

❹남자 "예스!"

❺술래 "당신은 지금 물 속에 있습니까?"

❻남자 "아니오!" (패배)

37 좋은가, 싫은가?

무엇인지도 모르는 물건에 대해 좋은가 싫은가를
유머 있게 대답하는 게임.

준비물 카드, 사인펜, 셀로판테이프.

노는법 ❶리더는 미리 모두가 좋아할 만한 것, 싫어할 만
한 것의 이름을 쓴 카드를 만들어 놓는다.

❷한 사람의 등에 그 카드를 붙여 놓아 다른 멤버
들에게는 그것이 보이도록 해 놓는다.

❸리더는 그 사람에게 등에 붙여 놓은 것이 좋은
가 싫은가, 또는 그 이유 등을 여러 가지로 질문
한다.

❹모든 멤버는 그에 대한 대답을 듣고 납득하거나
어이가 없거나 하며 즐긴다.

참조 ❶질문 "좋아합니까, 싫어합니까?"

❷여자 "아주 좋아합니다."(방귀에 대해서)

❸술래 "왜 좋아합니까?"

❹여자 "냄새가 좋기 때문입니다."(박장대소)

38 칭찬하는 사람, 헐뜯는 사람

끝까지 철저하게 칭찬하거나 헐뜯을 수 있는가를
즐기는 게임.

준비물 필요 없음.

❶3인 1조를 만들고, 3사람이 가위바위보를 한다.
이긴 순서대로 칭찬하는 사람. 헐뜯는 사람, 본인
으로 구분한다.

❷칭찬하는 사람은 본인을 계속해서 칭찬한다. 헐
뜯는 사람은 반대로 본인을 계속해서 헐뜯는다. 본
인은 "잘 부탁합니다."와 "왜 그렇습니까?"의 두
말 이외의 말을 해서는 안 된다.

❸칭찬하는 사람, 헐뜯는 사람이 말문이 막혀 버
리면 패배.

참조 ❶본인 "잘 부탁합니다."

❷헐뜯는 사람 "당신을 돼지 같습니다.."

❸본인 "왜 그렇습니까?"

❹헐뜯는 사람 "……."(패배)

여러 가지 충고문에 대해 딱 들어맞게 재치 있는
말로 대답하는 게임.

준비물 종이, 필기구, 종이 상자.

❶참가자 전원은 "수염을 깎아 주십시오.""방귀
를 뀌지 말아 주십시오."와 같은 충고문을 한 장씩
써 가지고, 접어서 종이 상자에 넣는다.

❷리더는 상자 속의 종이를 잘 섞는다. 참가자는
차례대로 상자 속에서 한 장씩 꺼내어 리더에게 읽
도록 한다.

❸뽑은 충고문이 자기에 대해 적절한 충고라면,
"조심하겠습니다."라든지 "그것만은 용서해 주십
시오."라고 대답한다.

❹그리고, 만일 여성에게 "수염을 깎아 주십시오."
라는 충고문이 나왔다면, 유머 섞인 즉흥적인 말로
모두를 납득시키지 않으면 안 된다.

❺응답이 막히면 패배.

40   더하기 천재

두 장의 카드에 있는 숫자를 합쳐서 10이 되는
카드를 많이 찾아내는 게임.

인원수 5명 정도가 가장 적당.

노는 법

❶ 1에서 9까지의 숫자를 쓴 카드를 5조 준비한다.

❷ 멤버는 원을 그리고 앉는다.

❸ 모든 카드를 잘 뒤섞어서 뒤집어 늘어 놓는다.

❹ 멤버는 차례로 카드를 2장씩 뒤집는다.

❺ 2장의 카드에 씌인 숫자의 합계가 10이 되면 2
장 모두 차지할 수 있다. 그리고 다시 2장을 뒤집
을 수 있다.

❻ 2장의 합계가 10이 되지 않으면 뒤집어서 제자
리에 돌려 놓는다.

❼ 다음 멤버가 앞사람과 마찬가지로 2장의 카드를
뒤집는다.

❽ 뒤집는 카드가 한 장만 남게 되었을 때, 카드를
제일 많이 차지한 멤버가 승리한다.

곱셈 카드

숫자를 쓴 카드 중에서 '구구단'의 답을 빨리 찾는 게임.

준비물 겉면에 구구단의 식, 뒷면에 답을 쓴 81장의 카드를 뒤집어서 늘어 놓는다.

노는법 ❶ 출제자가 '삼칠', '육팔' 등의 구구단을 말한다.

❷ 멤버는 출제된 구구단의 답이 씌인 카드를 경쟁해서 찾아낸다.

❸ 답이 같아도 출제한 식이 같지 않으면 절반의 득점이 되는데, 합계 득점이 많은 사람이 승리.

덧셈 카드 42

카드의 숫자 합계가 출제된 숫자가 되도록 카드
를 빨리 찾는 게임.

준비물 늘어 놓은 1에서 30까지의 숫자를 쓴 카드.

노는 법

①2인 1조가 되어 한 사람은 머리띠를 두르고, 또
한 사람은 모자를 쓴다.

②출제자가 "20 머리띠."라고 하면, 각 조의 머리
띠 두른 사람이 먼저 카드 한 장을 집는다. 예를
들어 12의 카드를 집었다면, 다음의 모자를 쓴 사
람은 8 또는 3과 5, 1과 2와 5 등, 합쳐서 20이 되
는 카드를 찾아낸다.

③빨리 20을 만든 팀이 승리.

20, 20입니다.

나머지 15야.

제시된 2개의 수를 가지고 한쪽은 합계를, 다른 한쪽은 뺀 수를 대답하는 게임.

준비물 0에서 10까지를 쓴 카드 2세트.

노는법
① 고양이와 쥐의 두 팀을 만든다.
② 출제자는 카드 2장을 꺼내서 숫자를 보인다.
③ 한쪽 팀은 합계, 다른 쪽 한 팀은 뺀 수를 대답한다.
④ 빨리 정답을 말한 팀의 승리.

고양이 팀
9입니다.
5입니다!
쥐 팀

같은 색깔의 카드로 1에서 10까지의 수를 빨리 모으는 게임.

준비물 색깔이 다른 1에서 10까지를 쓴 카드 10세트.

노는법

① 카드를 잘 쳐서 10명의 멤버에게 1인당 10장씩 나누어 준다.

② 멤버는 오른쪽에 있는 사람에게 "얼씨구!"라고 하면서 카드 한 장씩을 건네 준다. 1에서 10까지 같은 색깔로 빨리 맞추는 사람이 승리.

얼씨구!

나머지 1장.

45 한 줄로 섯!

두 팀이 출제된 숫자대로 숫자를 쓴 카드를 가지고 재빨리 줄을 서는 게임.

준비물 1에서 9까지의 카드 2조.

노는법

❶예를 들어 출제자가 975421 등으로 수를 제시하면 각 팀의 멤버는 카드를 가지고 지시대로 정렬한다.

❷또 다른 예로, "구구단 삼육은"이라고 하면 멤버는 3618로 재빠르게 줄을 서야 한다. 더하기 빼기등 다양한 방법으로도 이용할 수 있다.

❸지시하는 대로 수를 빨리 만든 팀이 승리.

펼쳐 놓은 달력 위에 던진 성냥갑이 걸친 숫자를
빨리 계산하는 게임.

준비물 월별로 된 달력과 성냥갑.

노는법
❶ 2m 정도 떨어진 위치에서 바닥에 펴 놓은 달력
위에 성냥갑을 던진다.

❷ 성냥갑이 걸친 달력의 숫자를 빨리 계산한다.
단, 휴일이나 경축일 등 빨간 숫자는 뺄셈을 한다.

참조 빨리 계산을 하려면 작은 숫자에 던지도록.

합계 48점

에잇!

하나둘셋!

두 사람이 숫자를 서로 보여서 빨리 그 합계를 말하는 게임.

준비물 1에서 10까지의 숫자를 쓴 카드 2세트.

노는법 ❶두 사람이 마주 보고 앉아 "하나 둘 셋!" 하는 신호에 카드 한 장씩을 보인다.

❷두 개의 카드에 나타난 숫자의 합계를 빨리 맞힌 쪽이 상대방 카드를 차지할 수 있다. 카드가 모두 없어진 쪽이 패배.

바둑알로 하는 덧셈　48

숫자가 기재된 판에 바둑알을 튕겨 넣어 바둑알
이 들어간 칸에 있는 숫자의 합계를 다투는 게임.

준비물 숫자판, 바둑알 흑백 각 6개씩.

노는 법

❶흑백 2조로 나누어 10 이하의 숫자를 쓴 숫자판
의 양쪽에 진을 친다.

❷순번을 정하여 자기 진지에서 교대로 바둑알을
튕겨 넣는다.

❸바둑알이 네모눈 안으로 들어가면 자기 진지가
되고 점수를 딴다.

❹선 위에 걸치거나 상대방의 진지로 들어가면 무
효. 마지막까지 많이 득점한 쪽이 승리.

9+2+3=14
6+5+2=13이니까
1점 지고 있어.

이번에는 네가
튕길 차례야.

○○에는 무엇이 있지?

지정된 장소에 있는 것이라 생각되는 것을 많이
써내는 게임.

준비물 필요 없음.

노는법

❶리더는 "○○에 있는 것을 되도록이면 많이 찾
아내 써주세요." 하고 장소를 지정한다.

❷각 팀은 전원이 상의해서 1분 뒤에 팀 대표가 생
각해서 써낸다. 실제로 있는 것을 많이 써낸 팀이
승리.

제 3 장

적은 인원으로 하는
즐거운 게임

2박자 3박자

오른손으로 3박자, 왼손으로 2박자의 리듬을 맞추는 게임.

준비물 필요 없음.

노는법

❶3박자의 노래를 부르면서 노래에 맞추어 오른손으로 3박자의 삼각형을 그린다.

❷잘 할 수 있게 되면 오른손의 동작을 멈추고, 이번에는 왼손을 아래위로 흔들어 2박자를 맞춘다.

❸마지막으로 좌우 양쪽의 손을 동시에 오른손은 3박자, 왼손은 2박자를 맞춘다.

오른손은 3박자   왼손은 2박자

한쪽 손으로 무릎을 쓰다듬고, 다른 한 손으로는
무릎을 통통 두드리는 게임.

준비물 필요 없음.

노는법

❶한쪽 손은 펴서 무릎을 쓰다듬는다.

❷다른 한쪽의 손은 주먹을 쥐고 무릎을 통통 두
드린다.

❸❶과 ❷의 동작을 동시에 한다.

❹리더의 신호로 양쪽 손의 동작을 교대로 한다.
쓰다듬던 손으로는 두드리고, 두드리던 손으로는
쓰다듬는다. 신호는, 처음에는 느리게 보내다가
점점 빨리 보낸다.

쓱쓱

통통

손가락 체조

여러 가지 모양으로 손가락을 붙였다 뗐다 하는
게임.

준비물 필요 없음.

노는법 ❶오른손의 엄지손가락을 오른손의 새끼손가락에
두 번 붙였다가 뗀다. 이와 마찬가지로 집게손가
락, 가운뎃손가락, 약손가락도 차례로 두 번씩 새
끼손가락에 붙였다 뗀다.

❷왼손도 같은 동작을 하고, 익숙해지면 노래를
부르면서 동시에 하도록 한다.

참조 이 같은 동작 이외에 여러 가지 모양을 연구해
보는 것도 재미있다.

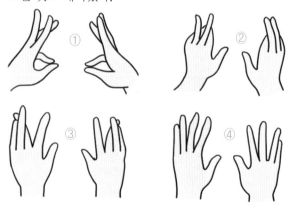

구령을 붙이면서 양손의 손가락을 맞부딪치게 하는 게임.

규칙 엄지손가락을 '아버지', 집게손가락을 '어머니', 가운뎃손가락을 '형님', 약손가락을 '누님', 새끼손가락을 '아가' 라 부르기로 한다.

노는법

❶ "주먹끼리 한판 붙어 봐!" 하면서, 주먹과 주먹을 뗐다 붙였다 한다.

❷ "아버지와 아버지가 싸우네." 하면서 양손의 엄지손가락을 뗐다 붙였다 한다.

❸ "어머니와 어머니도 싸우나?" 하면서 양손의 집게손가락을 뗐다 붙였다 한다.

❹ 같은 방법으로 가운뎃손가락, 약손가락, 새끼손가락도 차례로 서로 뗐다 붙였다 한다.

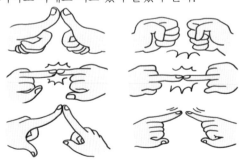

코 잡기 귀 잡기

순번을 정해 양쪽 귀와 코를 쥐었다 놓았다 하는
게임.

준비물 필요 없음.

노는법

❶오른손으로 왼쪽 귀를 쥔다.(그림 ❶-1)
그 손으로 무릎 위를 만진다.(그림 ❶-2)
왼손으로 오른쪽 귀를 만진다.(그림 ❶-3)
그 손으로 무릎을 만진다.(그림 ❶-4)

❷오른손으로 코를 누른다.(그림 ❷-1)
그 손으로 무릎 위를 만진다.(그림 ❷-2)
왼손으로 코를 누른다.(그림 ❷-3)
그 손으로 무릎을 만진다.(그림 ❷-4)

❸오른손으로 코를 누른다.(그림 ❸-1)
왼손으로 오른쪽 귀를 쥐었다가 두 손을 모두 놓는
다.(그림 ❸-2)
왼손으로 코를 누른다.(그림 ❸-3)
오른손으로는 왼쪽 귀를 쥔다.(그림 ❸-4)

❹노래를 부르면서 ❶~❸을 반복한다.

❶

1   2   3   4

❷

1   2   3   4

❸

1   2   3   4

혼자 할 수 있는 게임으로, 오른손이 왼손을
이기는 가위바위보 게임.

준비물 필요 없음.

❶왼손은 가위바위보의 순으로 편다.

❷오른손은 왼손에 이기는 순서대로 보가위바위
의 순으로 펴낸다.

❸틀리지 않고 자연스럽게 하는 사람이 승리.

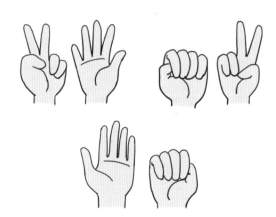

상체를 구부려 유연도를 테스트하는 게임.

준비물 필요 없음.

노는법 ❶ 두 발을 가지런히 하고 무릎을 곧게 펴서 선다.

❷ 상반신을 앞으로 구부리며 두 손의 손바닥을 바닥에 댄다.

참조 무릎을 구부리면 안 된다.

발전 ❶ 손가락 끝이 바닥에 닿으면 몸을 더 구부려 손바닥을 바닥에 댄다.

❷ 두 손으로 발목을 잡고, 이마를 무릎에 댄다.

앗, 돈이 떨어져 있다!

바닥이 싸늘하군.

세상이 거꾸로 보인다.

57 점프 체조

뛰어올라 공중에서 박수를 치는 게임.

준비물 필요 없음.

노는법 ❶뛰어올라 착지하기 전에 공중에서 되도록이면 많은 박수를 친다.

❷처음에는 가슴 앞에서 박수를 친다. 익숙해지면 박수 치는 위치를 바꾼다. 예를들면 머리 위, 머리 뒤쪽, 등 쪽, 발 밑 등.

발전 ❶두 사람이 뛰어올라 두 손을 맞대어 친다.

❷세 사람이 뛰어올라 서로 손을 맞대어 친다.

여러 가지 자세로 코를 잡는 게임.

준비물 필요 없음.

노는법

❶ 오른손을 앞으로 내밀고, 오른손 밑으로 왼손을 넣어 위로 올려 코를 잡는다.

❷ 한쪽 손을 머리 뒤로 돌려 코를 잡는다.

❸ 오른손을 왼발 뒤쪽에서 앞으로 돌려 코를 잡는다.

❹ 이 같은 게임을 손을 바꿔서 한다.

발전 쥐는 곳을 귀로 바꾸면 '귀 둘러잡기 체조'가 된다.

59 빙고

모눈에 적힌 숫자에 O표를 해나가다가 먼저 5개가 한 줄이 되는 쪽이 승리하는 게임.

준비물 모눈 종이, 볼펜.

노는법
❶ 상대에게 보이지 않게 1~25의 숫자를 모눈 종이에 마음대로 써 넣는다.

❷ 교대로 숫자를 말한다.

❸ 서로가 말한 숫자에 O표를 한다.

❹ O표가 가로, 세로, 대각선 어느 것에 5개가 한 줄이 된 쪽이 승리.

다음은 17.

78

나무젓가락 씨름 60

나무젓가락으로 만든 씨름꾼을 싸우게 하는 게임.

준비물 나무젓가락 2개, 넓다란 책.

노는 법

① 경쟁자 두 사람은 테이블 위에 책을 깔아 만든 씨름판을 보고 마주 앉아 나무젓가락을 5cm 정도 떨어지게 해서 집게손가락으로 세운다.

② 리더의 신호와 동시에 씨름은 시작된다. 튕겨 쓰러진 쪽이 패배. 양쪽 모두 쓰러진 경우에는 위쪽에 걸쳐진 씨름꾼(나무젓가락)의 승리.

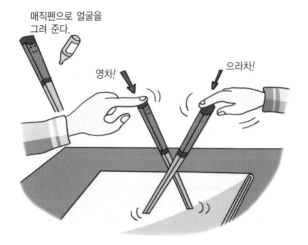

매직펜으로 얼굴을 그려 준다.

영차!

으라차!

자기의 성냥갑을 손가락으로 튕겨서 상대방의 성
냥갑 위에 올리는 게임.

준비물 성냥갑 2개.

노는 법
① 자기의 성냥갑을 결정한다.
② 교대로 자기의 성냥갑 모서리를 집게손가락으로 튕겨서 상대방의 성냥갑 위에 올린다.
③ 올려진 모양에 따라 득점이 다른데, 10회씩 튕겨 합계 득점이 많은 쪽이 승리.

1점   5점   10점   20점

자, 간다!

겨우 1점.

80

동전의 트램폴린 62

책받침 위에 올려놓은 동전을 밑에서 두들겨 뒤집는 게임.

준비물 각자 책받침 한 개, 동전 3개씩.

노는법
❶ 각자가 동전 3개를 올려놓은 책받침을 한손에 든다.
❷ 다른 한쪽 손으로 책받침을 밑에서 두들겨 3개의 동전을 빨리 뒤집는 쪽이 승리.

참조 동전을 떨어뜨리면 다시 하도록 한다.

툭!

툭!

63 요술 손가락

눈을 감은 채 손가락으로 100원짜리 동전을 만져 보고, 앞뒤를 알아맞히는 게임.

준비물 100원짜리 동전 5개.

노는법
① 한 사람은 눈을 감는다.

② 다른 한 사람은 테이블 위에 100원짜리 동전 5개를 흩어놓는다.

③ 눈을 감은 사람이 집게손가락으로 100원짜리 동전을 쓰다듬어 보면서 앞면인지 뒷면인지를 알아맞힌다.

참조 바둑알의 흑백을 알아맞히는 게임도 재미있다.

맞았어.

앞면.

82

럭키 세븐 64

종이에 쓴 숫자 위에 동전을 튕겨서 순차적으로 넣어 가는 게임.

준비물 1에서 7까지의 숫자를 쓴 종이, 동전 2개.

노는법 ❶ 가위바위보를 해서 이긴 사람이 먼저 출발점에서 1을 향해 동전을 튕긴다. 1 안에 들어가면 세이프, 벗어나면 아웃.

❷ 계속해서 교대로 세이프가 되면 다음 수를 향해 동전을 튕긴다. 빨리 7까지 넣은 사람이 승리.

참조 상대방 동전에 자기 동전을 맞히면 처음부터 다시 한다.

시~작.

잘 해 봐!

출발 지점

65 알까기

테이블 끝에 늘어놓은 바둑알을 교대로 튕겨서
떨어뜨리는 게임.

검은 바둑알 10개, 흰 바둑알 10개.

노는법

❶테이블 끝에 한 사람은 검은 바둑알, 또 한 사람
은 흰 바둑알을 10개씩 진열한다.

❷교대로 바둑알 하나를 튕겨 상대방 바둑알을 바
닥에 떨어뜨린다. 떨어뜨린 단추는 포로가 된다.
한번 튕긴 단추는 멈춘 곳에 그대로 놓아 둔다.

❸상대방 단추를 모두 떨어뜨린 쪽이 승리.

84

연필 세우기

손을 대지 않고 연필을 일으켜 세우는 게임.

준비물 연필 2개, 젓가락 2매.

노는법 ❶ 두 사람이 서로 젓가락을 양손에 한 개씩 잡고 눕혀 놓은 연필을 일으켜 세운다. 먼저 일으켜 세운 쪽이 승리.

참조 손을 사용하거나 젓가락을 짧게 들면 안 된다.

성냥갑을 상냥개비로 집어 세워 나가는 게임.

준비물 빈 성냥갑 6개, 성냥개비 4개.

노는법 ❶성냥개비를 빼놓은 빈 성냥갑을 성냥개비 2개로 집어 3cm씩 간격을 두고 한 사람이 3개씩 세워 나간다. 빨리 세우는 쪽이 승리.

참조 손가락으로 성냥갑을 건드리면 안 된다.

성냥개비를 짜맞추어서 가마를 만들어 들어올리
는 게임.

준비물 성냥개비 6개씩 합계 12개.

노는법

❶ 성냥개비를 양손에 1개씩 든다.

❷ 나머지 4개를 손에 든 성냥개비 끝으로 움직여
그림처럼 가마 모양으로 짜맞추어 들어올린다. 빨
리 들어올린 쪽이 승리.

참조 손에 든 2개의 성냥개비 이외의 성냥개비에는
손을 대서는 안 된다.

69 깃털 축구

테이블의 양쪽 끝 중앙에 있는 골문에 새의 깃털을 집어 넣는 게임.

준비물 작고 가벼운 새의 깃털.

노는법
❶ 테이블 중앙에 새의 깃털을 놓고 경쟁자 앞에 골문을 만들어 놓는다.

❷ 손을 사용하지 않고 서로가 입으로 불어 빨리 골문에 넣는 사람이 승리.

구슬과 볼펜을 사용한 미니 골프 게임.

준비물 볼펜 2개, 구슬 2개, 스코어 카드.

노는법

❶ 테이블 중앙에 구슬의 3배쯤 되는 원(홀)을 그린 종이를 붙여 놓는다.

❷ 구슬을 골프공으로, 볼펜을 클럽으로 삼고 테이블의 4곳 모서리에서 스타트한다.

❸ 골프의 스코어처럼 타수가 적은 쪽이 승리. 헛스윙이나 상대의 구슬을 치면 플러스 1타, 테이블에서 떨어지면 플러스 2타가 된다.

OK!

자, 간다!

데굴데굴

콩 주워담기

테이블에 뿌려 놓은 콩을 숟가락으로 떠서 컵에
담는 게임.

준비물 콩 한 주먹, 컵 2개, 찻숟가락 2개.

노는법

❶ 테이블 위에 컵 2개를 올려놓고 컵 주위에 콩을
뿌려 놓는다.

❷ 시작 신호와 함께 찻숟가락으로 콩을 떠서 자기
의 컵에다 넣는다.

❸ 콩 3개를 빨리 컵에 넣은 쪽이 승리. 테이블에서
콩을 떨어뜨리면 다시 해야 하며, 컵이 테이블 바
깥으로 나가면 안 된다.

아차, 또 떨어졌어!

도화지에 뚫린 조그마한 구멍을 통해 들여다보면
서 젓가락으로 콩을 집어올려 병 속에 넣는 게임.

준비물 구멍 뚫은 도화지 2장, 빈 병 2개, 콩, 신문지.

노는법
❶ 신문지 위에 콩을 뿌려 놓는다.

❷ 시작 신호와 함께 도화지의 구멍을 들여다보면
서 젓가락으로 콩을 집어 병 속에 넣는다. 콩 10개
를 먼저 넣은 쪽이 승리한다.

발전 병 주둥이의 크기를 여러 가지로 바꾸어 보는 것
도 재미있다.

겨우 집었어!

잘 안
보여!

빨대로 책장 넘기기

빨대로 빨아 책장을 넘기는 게임.

준비물 빨대 2개, 얇은 책 2권, 시계.

노는 법

❶ 테이블 위에 책을 올려놓고 첫 장만 넘겨 놓는다. 옆에 시계를 준비한다.

❷ 시작 신호와 함께 빨대로 빨아 책의 페이지를 넘겨나간다.

❸ 1분 안에 많이 넘긴 쪽이 승리.

92

웃기는 표정 짓기 74

아랫입술과 턱 사이에 나무젓가락를 끼워서 얼굴을 맞대고 웃기는 표정을 짓는 게임.

준비물 나무젓가락 2개.

노는 법

❶두 사람이 마주 보고 앉는다.

❷각자 자기의 아랫입술과 턱 사이에 나무젓가락을 끼우고 상대를 노려본다. 되도록이면 상대를 웃기는 표정을 짓는다.

❸웃다가 나무젓가락를 떨어뜨린 사람이 패배.

텔레파시로 알아맞히기

거짓말 잘하기와 거짓말을 알아채는 기능을 경합
하는 게임.

준비물 눈 가리개 1개, 성냥개비 4개, 작은 종이 1장.

노는 법

❶도화지의 왼쪽에 1에서 5까지의 숫자를 써서 테
이블에 놓는다.

❷눈을 가린 사람과 문제를 내는 사람이 숫자를
쓴 종이를 사이에 두고 마주 앉는다.

❸문제를 내는 사람은 "한 개" "두 개"라고 하면서
숫자 옆에 성냥개비를 늘어 놓는다.

❹성냥개비는 4개뿐이므로 5까지의 숫자 옆에 놓
을 때 한 번은 거짓말로 성냥개비를 놓을 수밖에
없다. 그러므로 눈을 가린 사람은 문제를 내는 사
람이 성냥개비를 내려놓을 때 거짓이라고 생각되
면 "거짓말!"이라고 말한다.

❺눈을 가린 사람이 알아맞히면 승리, 틀리면 문
제를 낸 사람이 승리한다.

손가락 씨름

담뱃갑을 손가락으로 잡아당기는 게임.

준비물 담뱃갑, 또는 성냥갑 몇 개.

노는법

❶ 두 사람이 마주 서서 각자의 오른손 집게손가락과 가운뎃손가락을 갑 속에 밀어넣는다.

❷ 두 사람의 손가락이 공평하게 갑 속에 들어가 있는가를 잘 확인한다.

❸ 게임 시작의 신호와 함께 각자 두 개의 손가락을 힘껏 뻗어 넓혀 상대의 손가락에서 갑을 탈취하는 쪽이 승리.

참조 손가락을 구부리면 안 된다.

손수건 넥타이 77

손수건을 목에 두르거나 접는 속도를 경합하는
게임.

준비물 손수건 2개.

노는법

❶ 각자 4겹으로 접은 손수건을 무릎 위에 올리고
마주 앉는다.

❷ 게임 시작 신호와 함께 접은 손수건을 펴서 목
에 두르고 묶는다. 그리고는 손바닥을 3번 치고,
다시 손수건을 풀어 4겹으로 접어서 무릎 위에 올
려놓고 앉는다. 이것을 빨리 행동한 쪽이 승리.

성냥개비 올리기

옆으로 눕힌 유리컵에 성냥개비 5개를 올려놓는
게임.

준비물 유리컵 2개, 성냥개비 14개.

노는법 ❶각자 마주 앉아 테이블 위에 컵을 옆으로 누이
고, 구르지 않도록 성냥개비 2개로 밑을 괸다.

❷게임 시작 신호와 함께 왼손만으로 컵 위에 1개
씩 성냥개비를 올려놓는다. 진열 방법은 자유. 빨
리 5개를 올린 쪽이 승리.

참조 컵에 올려놓는 성냥개비의 숫자를 늘려 보는 것
도 재미있다.

98

신문지에 머리가 들어갈 만한 구멍을 뚫어 각자
의 목을 넣어 신문지를 당기는 게임.

준비물 신문지.

노는법
① 신문지 가장자리 쪽에 머리가 들어갈 만한 구멍
을 2개 뚫는다.

② 두 사람이 마주 보고 앉아 각자 뚫린 구멍에 머
리를 집어넣은 다음 당긴다.

③ 신문지가 찢어져 목에서 떨어져 나가면 패배.

참조 손을 사용해서는 안 된다.

80 미니 고리 던지기

빨대에 고무 고리를 던져서 거는 게임.

준비물 빨대 1개, 고무 고리 10개.

노는 법
❶ 두 사람이 2m쯤 떨어져서 마주 앉는다.
❷ 어느 한쪽이 빨대를 입에 물고, 다른 한쪽이 빨대를 향해 고무 고리를 던진다. 고무 고리를 던지는 사람도 잘 해야 하지만 빨대를 문 사람도 잘 받아야 한다.

참조 인원수가 많은 경우는 조를 짜서 걸친 고무 고리의 수를 경합하는 것도 재미있다.

살짝!

← 2m →

떨어뜨린 성냥개비를 움켜잡는 게임.

준비물 성냥개비.

노는법

❶ 두 사람이 마주 보고 한 사람은 앉아서 주먹을 통 모양으로 하여 손을 내밀고 있다.

❷ 서 있는 사람은 받는 사람 주먹의 약 30cm 위에서 성냥개비 끝을 잡고 주먹 속으로 떨어뜨린다.

❸ 앉아서 받는 사람이 성냥개비를 잡으면 승리.

참조 앉아서 받는 사람은 주먹을 오르내리거나 옆으로 움직여서 받으면 안 된다.

이 간격은 30cm.

뚝!

82 수건 도둑

상대가 손을 벌리고 있는 사이에 수건을 빼내는
게임.

준비물 수건.

노는법
❶ 두 사람이 마주 보고 앉아, 한 사람은 두 손으로
수건을 든다.

❷ 수건을 든 사람은 주먹을 쥐었다 놓았다 한다.

❸ 또 한 사람은, 수건을 든 사람의 행동을 보고 틈
을 노려 수건을 탈취한다. 탈취하면 승리.

참조 수건을 든 사람은 계속 수건을 꼭 쥐고만 있으면
안 된다.

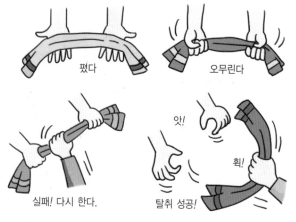

폈다

오무린다

실패! 다시 한다.

앗!

휙!

탈취 성공!

수건 빨리 잡기 83

두 사람의 다리 사이에 수건을 내려놓고 이것을
빨리 잡게 하는 게임.

준비물 수건.

노는법 ❶ 두 사람이 다리를 벌려 등을 맞대고 선다.
❷ 두 사람의 다리 사이의 한가운데에 잡기 좋게
수건을 내려놓는다.
❸ 신호에 수건을 먼저 잡는 쪽이 승리.

참조 수건을 작은 것으로 해도 재미있다.

방석 씨름

두 사람이 방석 위에 올라서서 등이나 엉덩이로
밀어붙이는 게임.

준비물 방석 1개.

노는법
❶ 방석 위에 두 사람이 등을 맞대고 선다.
❷ 시작 신호와 동시에 등으로 밀어붙여 상대를 방석 바깥으로 밀어낸 쪽이 승리.

참조 등을 맞대고 앉거나 마주 보고 앉아서 서로 밀어내는 게임도 재미있다.

흔들흔들 방석 85

각자 다른 방석에 앉아 상대를 밀어 넘어뜨리는
게임.

준비물 방석 3개.

노는법

① 가위바위보를 해서 이긴 사람이 방석 1개, 진 사
람은 방석 2개를 반으로 접어서 올라앉는다.

② 시작하면 서로가 두 손으로 밀어붙여 상대를 넘
어뜨린다.

참조 상대의 머리나 가슴을 밀어서는 안 된다.

으싸!

아구구!

방석 빼내기

각자가 포개 놓은 방석 위에 앉은 채로 자기의
방석을 빼내는 게임.

준비물 방석 10개.

노는법

❶ 두 사람이 각각 방석을 5개씩 포개쌓고 그 위에
올라앉는다.

❷ 앉은 채로 위에서 차례로 한 장씩 빼내는데, 빨
리 모두 빼내는 쪽이 승리.

참조 방석의 수를 늘리는 것도 재미있다.

발목 줄 당기기 87

두 사람의 한쪽 발목을 묶어, 방석 위에서 서로 잡아당기는 게임.

준비물 방석 2개, 2m 정도의 끈 하나.

노는법
① 끈으로 두 사람의 한쪽 발목을 각각 묶는다.

② 발목의 끈을 맨 채로 거리를 둔 방석 위에 올라선다.

③ "준비!" 신호에 끈을 맨 발을 들고, "시작!" 신호에 서로 당기기 시작한다. 바닥에 발을 먼저 디딘 쪽이 패배.

얏!

어이쿠!

2~3m

깡총깡총 씨름

양쪽 발목을 끈으로 묶은 채로 서로 밀치는 게임.

준비물 끈 2개.

노는법

❶지름 3m 정도의 원을 그려서 그 안에 들어간다.

❷자신의 양쪽 발목을 모아서 끈으로 묶는다.

❸시작하면, 손을 사용하거나 온몸을 부딪치거나 해서 상대를 밀어붙인다. 게임판 바깥으로 밀려나거나 손이나 몸의 일부가 바닥에 닿으면 패배.

참조 인원수가 많을 경우에는 토너먼트나 각 조의 대항전을 하는 것도 재미있다.

어이쿠!

발목에 매단 풍선을 발로 밟아서 터뜨리는 게임.

준비물 풍선.

노는법

❶ 지름 2~3m의 원을 그려서 그 안에 들어간다.

❷ 각자의 발목에 풍선을 매달고 두 손을 뒤로 돌려 잡는다. 그런 다음 서로가 상대방의 풍선을 발로 밟아 터뜨린다.

참조 인원수가 많을 경우는 2개 조로 나누어 일제히 상대편의 풍선을 밟아 터뜨린다.

책 모자 떨어뜨리기

머리 위에 올려놓은 책을, 손을 사용하지 않고 떨어뜨리는 게임.

준비물 판형이 큰 책이나 잡지 2권.

노는법 ❶지름 2~3m의 원을 그려 놓는다.

❷두 사람이 원 안으로 들어가 머리 위에 책을 한 권씩 얹는다.

❸시작 신호로, 책과 책을 서로 맞부딪치게 하여 떨어뜨린다. 상대방의 잡지를 먼저 떨어뜨린 쪽의 승리.

머리 위에 올려놓은 신문지를 입으로 바람을 불어 떨어뜨리는 게임.

준비물 신문지 2장.

노는법

❶두 사람이 마주 보고 꿇어앉는다.

❷각자가 자기 머리 위에 신문지를 얹는다.

❸시작 신호와 함께, 입으로 바람을 불어 상대방의 신문지를 먼저 떨어뜨린 쪽이 승리.

머리띠 던지기

수건으로 띠를 만들어 상대방의 머리에 씌우는 게임.

준비물 수건, 또는 굵은 끈.

노는법

❶ 수건을 묶어 띠를 만든다.

❷ 두 사람이 1~2m 정도 떨어져 마주 보고 선다.

❸ 두 사람 중 하나가 수건 띠를 던져 상대방 머리에 걸쳐올린다.

❹ 띠를 받는 사람은 발을 땅에서 떼면 안 된다.

참조 수건 대신 밀짚 모자로 해도 재미있다.

서 있는 사람에게 고리를 던지는 게임.

준비물 지름 60~80cm 정도 되는 플라스틱 고리.

노는법 ❶두 사람이 2~3m 정도 간격을 두고 선다.

❷한 사람이 고리를 가지고 서 있는 다른 한 사람의 몸에 걸리도록 던진다.

참조 조금 멀리 떨어지게 하여, 던진 고리를 손으로 잡게 하는 게임도 재미있다.

바통 잡기

테이블에 세워 놓은 바통이 넘어지기 전에 달려 가서 잡는 게임.

준비물 신문지를 말아서 만든 바통 2개.

노는법

❶두 사람이 테이블의 좌우에 종이 바통을 쥐고 선다.

❷시작 신호와 함께 테이블에 자기의 바통을 세워 놓은 채로 상대가 세워 놓은 바통이 넘어지기 전에 달려가서 잡는다. 상대의 바통이 넘어지기 전에 잡 지 못하면 패배.

빨리빨리!

삼각 모자 떨어뜨리기

두 사람이 삼각 모자를 쓰고 앉아, 손을 사용하지 않고 모자를 쓰러뜨리는 게임.

준비물 두꺼운 종이나 신문지로 만든 모자 2개.

노는법 ❶두 사람이 삼각 모자를 쓰고 마주 앉는다.
❷시작 신호와 함께 머리에 쓴 모자를 서로 맞대고 밀치면서 상대의 모자를 떨어뜨린다.

참조 손으로 모자를 잡고 있으면 안 된다.

바둑알 가려내기

흑백이 뒤섞인 바둑알을 빨리 가려내는 게임.

준비물 흑백의 바둑알 각 40개, 접시 4개.

노는법 ❶흑백 10개씩의 바둑알을 뒤섞어 4개의 접시에 나누어 담은 다음 각자 2개씩의 접시 앞에 앉는다.

❷각자가 오른손은 오른쪽 접시, 왼손은 왼쪽 접시 위에 얹는다.

❸시작하면 오른쪽 접시에는 검은 바둑알만, 왼쪽 접시에는 흰 바둑알만 가려서 담는다. 빨리 가려 담은 쪽이 승리.

참조 양쪽 손을 동시에 사용해야 한다.

제 4 장

3인 이상으로 하는

즐거운 게임

뛰어넘기

세 사람이 마주 보고 서서 손을 잡고 한 사람이
다른 두 사람이 잡은 손 위를 뛰어넘는 게임.

준비물 필요 없음.

노는법

❶ 세 사람이 마주 보고 서서 손을 잡는다.

❷ 한 사람은 두 사람이 손을 잡고 있는 위를 뛰어
넘는다. 이 때 두 사람은 뛰어넘는 것을 돕는다.

❸ 뛰어넘기가 능숙해지면, 뛰어넘은 후 뒤쪽으로
뛰어 원위치로 돌아간다.

두 사람이 두 손을 잡고 만든 골 안에 다른 한 사람이 공을 한 번 튕겨서 넣는 게임.

준비물 테니스볼이나 배구공.

노는법
❶ 두 사람이 마주 보고 서서 양손을 뻗어 상대와 손을 잡고 넓게 골을 만든다.
❷ 3m 정도의 거리에서 바닥에 튕겨 골 안에 공을 넣는다.

참조 어떤 공으로도 게임을 할 수가 있다.

들어가!

잘한다!

발등 밟기

세 사람이 손을 잡고 원을 그리고 서서 옆사람의
발등을 밟는 게임.

준비물 필요 없음.

노는법
❶ 세 사람이 원을 그리고 양손을 이어잡는다.

❷ "시작!" 신호로 옆사람의 발등을 서로 밟는다.

❸ 좌우의 발로 합계 3번을 먼저 밟는 사람이 승리
한다.

참조 남의 발 밟는 것만 생각하다간 오히려 밟히고 만
다. 너무 세게 밟으면 곤란하다.

120

신문지로 만든 칼로, 종이로 만든 갑옷을 때려서
찢는 게임.

준비물 신문지, 셀로판테이프.

노는 법

❶ 신문지로 칼과 갑옷을 만든다.

❷ 2~3m 정도의 원을 만들어 게임장을 만든다.

❸ 심판 1인, 싸우는 사람 2인을 정한 다음 서로 싸우게 한다.

❹ 싸움이 끝난 후에는 심판이 두 사람의 상태를 보고 승리자를 판정한다.

눈 가리고 하는 검도

신문지로 만든 칼을 가지고 눈을 가리고 하는 검도 게임.

준비물 눈 가리개 2개, 신문지를 말아서 만든 칼 2개.

노는법

❶심판 1명, 선수 2명을 정한다.

❷지름 3m 정도의 게임장을 만든다.

❸선수는 모두 눈을 가리고 게임장 안에 들어가서 오른손에는 칼을, 왼손으로는 상대방과 함께 수건을 잡는다.

❹"시작!" 신호로 상대방의 머리 부위를 친다.

❺3분 이내에 타수가 많은 쪽이 승리.

참조

❶게임장 바깥으로 나갔을 경우는 '장외'로 감점. '장외'가 2번이면 패.

❷시합 중 잡은 수건을 2번 놓치면 패.

❸고의적으로 상대에게 부딪치거나 넘어뜨리거나 뒤쪽이나 옆에서 가격했을 때도 패.

❹두 사람 모두 유효 타수가 없는 경우에는 심판이 판정으로 결정한다.

❺이겼다고 너무 표시가 나게 좋아해도 패.

이웃 막대기

자기 막대기를 세워 놓고 옆사람이 놓고 간 막대기를 잡으러 가는 게임.

준비물 나무 막대기(인원수만큼), 또는 종이 막대기.

노는법
❶ 세 사람이 하는 경우 한 사람이 하나씩 막대기를 가지고 2m 정도의 간격으로 삼각형을 만든다.

❷ 시작 신호와 함께 막대기를 세운 채로 놓아 두고 옆사람이 세워 놓은 곳으로 달려가서 넘어지기 전에 잡는다. 이것을 계속해서 되풀이한다.

❸ 승부가 나지 않을 때는 막대기와 막대기의 간격을 넓게 한다.

정해진 게임장 안에서, 한 사람이 세워 놓은 빗자루가 넘어지기 전에 붙잡아야 하는 게임.

준비물 자루가 긴 빗자루.

노는법

❶ 몇 사람이 원을 그리고 각자 번호를 붙인다.

❷ 술래가 한가운데에서 번호를 부르자마자 거꾸로 세운 빗자루에서 손을 뗀다. 번호를 불린 사람은 빗자루가 쓰러지기 전에 잡아야 한다.

❸ 빗자루를 잡지 못한 사람은 술래가 된다.

2번!

앗, 나다!

술래는 빗자루를 쓰러뜨리면 안 된다.

모자와 과일

겨드랑이에 과일을 끼운 채 머리를 움직이지 않고 모자를 벗는 게임.

준비물 참가 인원수만큼의 모자와 과일.

노는 법

①각자가 모자를 쓰고 양쪽 겨드랑이에 과일을 끼운다.

②전원이 차렷 자세를 하고, 구령과 동시에 머리에 쓴 모자 벗기를 시도한다.

③머리를 움직이거나 겨드랑이에 끼워 놓은 과일을 떨어뜨리면 실격.

여러 사람이 줄 안에 서서 바깥에 있는 손수건을 먼저 집어올리는 게임.

준비물 튼튼한 로프, 참가 인원수만큼의 손수건.

노는법

① 인원수만큼의 손수건을 같은 간격으로 원을 그려 늘어 놓는다.

② 참가자가 밖을 향한 자세로 로프를 팽팽하게 하여 허리 부분에 대고 늘어선다.

③ 신호와 함께, 손수건을 빨리 집어올린 사람이 승리한다.

레크리에이션 도감 **127**

양초에 켜 놓은 불을 콧김으로 끄는 게임.

준비물 양초 10개.

노는법
❶양초에 불을 붙인다.
❷양초에서 1m 정도 떨어진 곳에 선을 그어, 그곳에서 한 사람씩 한 번의 콧김으로 촛불을 끈다. 불이 꺼진 수가 많은 사람의 승리.
❸거리를 조금씩 바꾸어 보는 것도 재미있다.

참조 입김으로 촛불을 끄는 단체 게임도 재미있다.

대단해!

한 사람은 치타, 또 한 사람은 치탈이 되어 호명
하면 빨리 잡는 게임.

준비물 20m 정도 떨어진 곳에 2개의 원을 만든다.

노는 법

❶ 원과 원 한가운데 두 사람이 등을 맞대고 선다.
한 사람이 '치타', 다른 한 사람은 '치탈'이 된다.

❷ 심판이 큰 목소리로 "치, 치, 치!"라고 소리치다
가 마지막에 "타!" 또는 "탈!" 하고 끝맺는다.

❸ "타!"라고 하면 '치타'가 원으로 도망가고 '치
탈'이 뒤쫓는다. "탈!" 하면 '치탈'이 도망간다.

❹ 원으로 도망가지 전에 터치되면 패배.

가위바위보를 해서, 누가 먼저 골인하는가를 결정하는 게임.

준비물 필요 없음.

노는법

❶ 한 사람이 술래가 되어 벽에 기대 선다.

❷ 나머지 사람은 8m 정도 떨어진 곳에서 술래와 가위바위보를 한다.

❸ '가위' 로 이기면 3보, '바위' 로 이기면 2보, '보' 로 이기면 1보씩으로 정하고 각각 '토끼뜀' 으로 전진한다. 비기면 그대로 있고, 지면 1보 후퇴한다.

❹ 맨 먼저 술래에게 도착하는 사람이 승리.

130

눈 가리고 시계 찾기

방 안에 숨겨진 시계를 눈을 가리고 찾는 게임.

준비물 소리가 "째깍째깍" 나는 자명종 시계, 수건.

노는법 ❶시계는 5분 후에 울리도록 해 놓고 방 안 어딘가에 숨긴다.

❷찾는 사람에게 눈 가리개를 씌운다. 귀로 시계 소리를 들으면서 손으로 더듬어 시계를 찾는다. 5분 안에 찾아내면 합격이다.

참조 서랍 같은 곳에 숨겨 두면 안 된다.

째깍째깍~

이 쪽이 구나!

신문지로 종이 비행기를 만들어 빨리 골까지 날
려 보내는 게임.

준비물 신문지로 만든 나름대로의 비행기.

노는법

❶신문지를 사용하여 각자가 선호하는 종이 비행
기를 만든다.

❷출발 라인과 골 라인을 정한 다음 출발 라인에
서 비행기를 날린다.

❸도중에서 떨어지면 그 자리에서 다시 날려, 골
까지 빨리 도착하는 사람이 승리한다.

풍선 던지기

포환 던지기 하듯 풍선을 멀리 던지는 게임.

준비물 인원수만큼의 풍선.

노는법
❶ 선수는 그려 놓은 원 안으로 들어가서, 포환 던지기 형식으로 회전하거나 리듬을 맞추어서 풍선을 던진다.

❷ 한 사람이 5번 던진다.

❸ 5번 던져서 가장 멀리 던진 사람이 승리.

눈 가리고 사냥하기

눈을 가린 채 들었다 놓았다 하는 줄 사이로 귤을 집어내는 게임.

준비물 접시에 귤을 담아 바닥에 놓는다.

노는법 ❶접시 앞에서 두 사람이 줄을 잡고 앉아 호흡을 맞추어 올렸다 내렸다 한다.

❷눈을 가린 사람은 오르락내리락하는 줄을 건드리지 않고 귤을 집어낸다.

❸정해진 시간 안에 많이 집어낸 사람이 승리.

아뿔싸!

끈으로 만든 덫에 걸리지 않고 재빨리 귤을 집어
내는 게임.

준비물 접시에 담은 귤, 3m 정도의 끈.

노는 법

❶끈을 한 번 묶어서 느슨하게 하여 두 사람이 양
옆에서 앉아서 잡고 있다.

❷접시에 담은 귤을 올가미 뒤에 놓는다.

❸양옆에서 잡아당기는 올가미를 통과해서 선수
가 귤을 무사히 집어내면 승리.

114 공포의 지뢰밭

바닥에 흩뜨려 놓은 성냥갑을 눈을 가린 채 밟지 않고 지나가는 게임.

준비물 성냥갑 10개 정도, 방석 5개 정도, 눈 가리개.

노는법
❶ 출발점과 결승점을 정하고, 그 중간에 방석과 성냥갑을 적당히 늘어 놓는다.

❷ 선수는 성냥갑(지뢰)과 방석의 위치를 기억한 다음 눈을 가린다.

❸ 성냥갑을 건드리지 않고 결승점에 도달하도록 한다.

참조 방석을 밟아 놀라거나 해서 성냥갑을 건드리거나 하면 실격.

와, 폭발이다!

136

동시에 받기

2개의 바둑알을 동시에 던져올려, 그것을 잘 받아내는 게임.

준비물 인원수만큼의 흑백 바둑알.

노는법
❶ 선수는 흑백의 바둑알을 하나씩 양손에 잡고 동시에 2개를 공중으로 던진다.

❷ 떨어지는 2개의 바둑알을 잘 받아내면 된다. 생각보다 쉽지는 않으므로 신중하게 하도록.

참조 동시에 3~4개의 구슬을 던지는 것도 재미있다.

잘 던졌어.

앗, 실패다!

116 부채 펴기

접부채에 끈을 달아서 한쪽 귀에 매달아 손을 쓰지 않고 몸을 움직여 부채를 펴는 게임.

준비물 접부채, 끈.

노는법

❶ 선수가 1사람씩 나와서 끈을 묶어 놓은 접부채를 한쪽 귀에 매단다.

❷ 손을 사용하지 않고 머리를 움직이거나 몸 전체를 움직여서 부채를 펴는 것이다.

❸ 시간 내에 빨리 펴는 사람이 승리.

제발 웃기지 마!

제한 시간 안에 클립을 많이 연결하는 게임.

준비물 클립.

노는법
❶ 선수는 클립을 연결지워 사슬을 만든다.
❷ 제한 시간 안에 제일 길게 연결한 사람의 승리.
❸ 완전히 연결되지 않은 클립이 있으면 무효.

참조 연결된 클립을 빨리 분해하는 게임도 재미있다.

포스트잇 떼기

얼굴에 붙여 놓은 포스트잇을 입으로 바람을 불
거나 얼굴 근육을 움직여서 떨어뜨리는 게임.

준비물 포스트잇.

노는법

① 리더는 포스트잇을 콧등과 양쪽 볼에 각각 1개
를, 이마에 2개(모두 5개)를 붙인다.

② 신호와 함께 선수는 입으로 바람을 불거나 근육
을 움직여서 포스트잇을 떼낸다.

③ 빨리 떼낸 사람이 승리한다. 만약에 시간 안에
떼내지 못하면 많이 떼낸 사람이 승리.

④ 떼낼 때의 익살스러운 표정을 즐긴다.

이마에 올려놓은 비스킷을 손을 사용하지 않고
빨리 먹는 게임.

준비물 비스킷과 같은 납작한 과자 몇 개.

노는법
❶ 전원이 원을 그리고 둘러앉는다.
❷ 리더의 신호로 비스킷을 이마에 얹는다.
❸ 손을 사용하지 않고 빨리 입으로 가져가는 사람
이 승리한다.

한쪽 손 엄지손가락과 집게손가락으로 종이를 비벼서 밀어올리는 게임.

준비물 좁고 기다란 종이.

노는법

❶ 사람들에게 길이 50cm 길이의 가느다란 종이를 한 장씩 돌린다.

❷ 사람들은 한쪽 손의 엄지손가락과 집게 손가락으로 종이의 맨 아래를 쥔다.

❸ 리더의 신호와 함께 두 손가락으로 종이를 비벼올린다.

❹ 끝까지 빨리 비벼올린 사람이 승리한다.

지루해서 못하겠어!

신문지를 말아서 만든 종이 통을 발등에 올리고,
떨어지지 않도록 걸어서 빨리 골인하는 게임.

준비물 신문지를 말아서 만든 통.

노는 법

① 선수들은 출발선에 늘어서서, 신문지 통을 발등에 올린다.

② 시작 신호와 함께 신문지 통이 떨어지지 않도록 하면서 앞으로 걸어간다.

③ 빨리 골인한 사람이 승리한다.

④ 떨어뜨린 사람은 그 자리에서 다시 시작한다.

신문지 스커트

무릎에 꼭 맞도록 두른 신문지가 찢어지지 않도록 하여 빨리 골인하는 게임.

준비물 신문지 몇 장.

노는법

❶ 사람들은 신문지 한 장을 무릎에 꼭 맞도록 두르고 떨어지지 않게 테이프로 잘 붙인다.

❷ 시작 신호와 함께 앞으로 걸어나가 신문지를 찢지 않고 골인하는 사람이 승리.

❸ 찢어진 사람은 실격.

144

모이 줍기

입에 빨래 집게를 물고 바닥에 뿌려 놓은 콩과
사탕 등을 접시에 많이 주워 담는 게임.

준비물 빨래 집게 여러 개, 콩·사탕, 접시 여러 개.

노는법

❶작은 사탕과 콩·팥 등을 바닥에 뿌려 놓는다.

❷사람들은 입에 빨래 집게를 물고 이빨을 사용하
여 바닥에 있는 사탕이나 콩을 집는다.

❸사탕은 2점, 콩이나 팥은 1점으로 정하는데 제
한 시간 안에 접시에 많이 모은 사람의 승리.

(참조) 집게를 떨어뜨렸을 땐 손을 사용해도 되지만 그
것 이외에는 절대로 손을 사용하면 안 된다.

손발 묶고 달리기

오른손과 오른발, 왼손과 왼발을 끈으로 묶은 채로 달리기하는 게임.

준비물 1.5m짜리 가늘고 질긴 끈 여러 개.

노는법

❶ 선수는 오른쪽 손목과 오른쪽 발목, 왼쪽 손목과 왼쪽 발목을 각각 끈으로 묶는다.

❷ 끈의 길이를 최대한 이용하여 걷기 쉽도록 묶는다. 중간에서 끈이 풀어지면 실격.

❸ 출발 신호와 함께 자신이 걷기 편한 포복 자세로 골을 향한다.

❹ 빨리 골인한 사람이 승리.

146

신문지를 배에다 대고 골까지 달리는 게임.

준비물 신문지.

노는법
❶ 선수는 신문지 1장을 배에 대고 출발선에 선다.
❷ 출발 신호와 함께 신문지를 잡은 손을 놓고 결승선까지 달린다.
❸ 도중에서 신문지가 밀려 내려가거나 날아가 버리면 그 자리에서 다시 시작한다.
❹ 빨리 골인한 사람이 승리.

참조 신문지를 손으로 잡고 달리면 실격.

126 부채로 고기잡기

티슈 화장지에 그린 물고기를 부채로 부쳐서 원
모양의 그물에 몰아넣는 게임.

준비물 매직펜으로 티슈 화장지에 물고기를 그린다.

노는법

① 선수는 부채를 들고 출발선에 서서 티슈 물고기
두 마리를 앞에 놓는다.

② 신호와 함께 먼저 한 마리를 부채로 부쳐서 그
물 속에 완전히 넣는다.

③ 다음으로 두 마리째를 그물 속으로 몰아넣는다.

④ 두 마리째는 완전히 그물에 완전히 들어가지 않
고 그물에 걸리기만 해도 된다.

148

통 세우기

신문지를 말아서 손바닥 위에 오랫동안 세우고
있게 하는 게임.

준비물 신문지, 고무줄.

노는법
❶ 신문을 둥글게 말아서 고무줄로 몇 군데를 고정
시킨다.

❷ 신호와 함께 말아 놓은 신문지를 손바닥 위에
세우고 균형을 잡는다. 이 때 손바닥으로 움켜쥐면
안 된다.

❸ 제일 오랫동안 신문지 통을 세우고 있는 사람의
승리.

빈 깡통 위에 서 있기

빈 깡통 위에 올라가서 얼마나 오랫동안 견딜 수 있는가를 겨루는 게임.

준비물 참가 인원수만큼의 통조림 빈 깡통.

노는 법

❶ 신호와 함께 전원이 통조림 빈 깡통 위에 올라선다.

❷ 한쪽 발, 양쪽 발 모두 가능하다. 그리고 도중에 발을 바꿔도 된다.

❸ 깡통에서 떨어진 사람은 탈락.

❹ 최후까지 남은 사람의 승리.

150

한쪽 손의 엄지손가락과 새끼손가락으로 잡은 줄을 서로 잡아당기는 게임.

준비물 30cm 정도의 끈 여러 개.

노는법

❶두 사람의 선수는 한쪽 손의 엄지손가락과 새끼손가락만으로 줄의 양쪽 끝을 잡는다.

❷신호와 함께 서로 줄을 당겼다 늦추었다 한다.

❸줄을 놓쳐 버린 사람은 탈락.

❹예선전을 치러서 결승전에 진출한 선수 중에서 우승자를 뽑으면 더욱 재미있다.

원형 줄다리기

모두가 원을 그리고 둘러서서 로프를 잡아당기는 게임.

준비물 15~20m 정도 되는 가느다란 로프.

노는법

❶로프의 끝을 매어 원을 만든 다음 전부가 로프를 두 손으로 잡는다. 이 때 잡은 양손은 어깨 넓이보다 더 벌리면 안 된다.

❷시작 신호와 함께 각자 로프를 낭겼다 놓았다 한다.

❸손에 잡은 로프를 놓치거나 발을 옮긴 사람은 탈락한다.

방석 줄다리기

방석 위에 한쪽 발로 올라서서 줄다리기를 하는
게임.

준비물 방석 4개, 3m짜리 줄 2개.

노는법
❶ 네 사람이 방석 위에 올라서서 십자 모양으로
묶어 놓은 줄을 잘 잡는다.

❷ 시작 신호와 함께 줄을 당겼다 놓았다 한다.

❸ 두 발로 딛거나 넘어지는 사람은 패배.

참조 패배한 사람도 최후의 한 사람이 남을 때까지 줄
을 잡고 있어야 한다.

기습 공격

골판지 상자 위에 서서, 갑자기 잡아당겨도 넘어
지지 않고 버티는 게임.

준비물 둘레를 줄로 묶은 골판지 상자 몇 개.

노는 법

❶골판지 상자에 한 사람씩 올라가서 리더와 등을
돌리고 선다.

❷리더는 어느 한 사람의 줄을 예고 없이 잡아당
긴다.

❸줄이 당겨져 넘어진 사람은 탈락.

'밀치기 놀이'의 요령으로, 등이나 엉덩이로 밀치
기하는 게임.

준비물 필요 없음.

노는 법

❶ 전원이 바깥쪽을 향하여 원을 그리고, 양발을
가지런히 하고 서서 팔짱을 낀다.

❷ 시작 신호와 함께 전원이 어깨나 등, 엉덩이로
서로 밀친다.

❸ 서 있는 위치에서 발이 땅에서 떨어지거나 넘어
진 사람은 탈락.

❹ 원을 점차 축소시키면서 게임을 계속한다.

회전 줄넘기

빙빙 돌리는 로프를 잘 뛰어서 피하는 게임.

준비물 줄 끝에 무거운 것을 매단 로프.

노는법

❶ 전원이 원을 그리고 서면 리더가 원 안으로 들어가 줄을 잡는다.

❷ 시작 신호와 함께 중심에 있는 리더는 로프를 땅에서 20cm 정도의 높이로 빙빙 돌린다.

❸ 전원은 로프가 가까이 올 때마다 뛰어서 피한다. 로프에 걸린 사람은 탈락.

참조 남은 사람이 많을 때는 돌리는 높이를 올린다.

반사 신경 테스트

리더가 부는 호루라기 신호에 따라 몸을 좌우로
돌리는 게임.

준비물 호루라기.

노는법

❶ 전원이 한 줄로 선다. 리더가 호루라기를 한 번
불면 오른쪽으로 90도, 두 번 불면 왼쪽으로 90
도, 세 번 불면 180도 회전한다.

❷ 리더는 처음에는 천천히 불다가 차츰 빠른 템포
로 호루라기를 분다.

❸ 잘못한 사람은 탈락.

귤 차지하기

귤을 인원수보다 하나 적게 놓고 신호와 함께 귤을 쟁취하는 게임.

준비물 호루라기, 둥근 테이블, 귤(또는 작은 물건).

노는법
❶ 참가자의 수보다 1개가 적은 귤을 테이블 위에 놓고 테이블 주위에 전원이 둘러선다.

❷ 리더가 호루라기를 불면 전원이 귤을 하나씩 쟁취한다.

❸ 쟁취하지 못한 사람은 탈락. 귤의 수를 하나씩 줄여 가며 게임을 계속해 나간다.

동물원에서 뭘 봤니? 137

동물의 이름을 점점 불리면서 순서대로 기억해
나가는 게임.

준비물 필요 없음.

노는 법

❶ 전원이 원을 그리고 앉은 다음, 리더는 "어제 동
물원에서 코끼리를 봤다."고 한다.

❷ 사람들은 순서대로 그 말을 따라한다.

❸ 한 바퀴 돌아서 다시 리더 차례로 되면, 리더는
동물의 이름을 하나 더 추가해서 말한다. 사람들은
차례대로 그것을 흉내낸다.

❹ 동물의 이름이나 차례가 틀린 사람은 탈락. 리
더가 틀렸을 때는 그 오른쪽 사람이 리더가 된다.

어제 동물원
에서 코끼리,
원숭이, 기린,
그리고….

파이팅!

138 금지된 숫자

차례대로 수를 말하는데, 금지된 수를 말하는 사람은 탈락하는 게임.

준비물 필요 없음.

노는법
① 금지된 숫자를 하나 정한다.

② 전원이 둥글게 앉아서 1부터 차례대로 말해 나간다. 금지된 수의 차례가 되면 "빵!" 하고 말한다.

③ 틀린 사람는 탈락하고, 최후까지 남은 사람이 승리자가 된다.

참조 "3"이 금지된 수인 경우에는 "13"이나 "30"도 모두 금지된 수가 된다.

불을 끄는 사람

두 장의 종이를 좌우에서 돌려 그것이 겹친 사람
이 탈락하는 게임.

준비물 "불", "물"이라고 쓴 종이 각각 1장씩.

노는 법

❶ 전원이 둥글게 앉아 어느 두 사람이 "불"과 "물"
의 종이를 손에 쥔다.

❷ 신호와 함께 '불'이란 종이를 가진 사람은 '불
이야!'라고 고함치면서 그 종이를 오른쪽 사람에
게 돌리고, '물'이란 종이를 가진 사람은 "빨리 물
가져와!" 하면서 그 종이를 왼쪽 사람에게 돌린다.

❸ '불'과 '물'을 적은 종이가 좌우로 돌아가서 겹
치는 곳에 있는 사람이 탈락한다.

머리 때리기 가위바위보

가위바위보를 해서, 이긴 사람이 진 사람을 신문
지로 만든 몽둥이로 때리는 게임.

준비물 신문지를 말아서 만든 몽둥이 2개.

노는법
❶ 가위바위보를 해서 이긴 사람은 옆에 놓아 둔
신문지 몽둥이로 상대의 머리를 때린다.

❷ 진 사람은 재빠르게 또 하나의 신문지 몽둥이를
집어 방어한다.

162

상대가 얼굴을 손가락으로 지시한 방향으로 돌리면 지고 반대로 돌려야 이기는 게임.

준비물 필요 없음.

노는 법

① 두 사람이 마주 보고 서서 가위바위보를 하여 공격을 결정한다.

② 공격하는 사람은 "참참참!" 하면서 손가락으로 방향을 지시한다. 손가락과 같은 방향으로 고개를 돌리면 패배, 반대로 돌리면 승리이다.

③ 승리한 사람은 진 사람의 손등을 때리고 계속해서 공격한다.

참참참, 얏!

앗, 똑같이 가 버렸네!

몸낮추기 가위바위보

두 사람이 가위바위보를 해서, 진 사람이 조금씩
자세를 낮추는 게임.

준비물 필요 없음.

노는법

❶ 마주 선 두 사람이 가위바위보를 한다.

❷ 진 사람은 조금씩 자세를 낮추고, 이긴 사람은
그대로 있다.

❸ 더 이상 자세를 낮추지 못하게 된 사람이 패배.

참조 손발 이외의 몸 일부가 바닥에 닿으면 진다.

164

발 벌리기 가위바위보 143

가위바위보를 해서 지면 발의 폭만큼 발을 벌려
나가다가, 넘어질 때까지 계속하는 게임.

준비물 필요 없음.

노는법
①마주 보고 차렷 자세로 가위바위보를 시작한다.
②가위바위보에서 진 사람은 그 때마다 발의 폭만
큼 발을 벌린다. 이기면 그대로 있는다.
③바닥에 손을 대면 패배.

참조 조를 갈라서 단체 놀이로 해도 재미있다.

항복!

숫자 맞추기 가위바위보

공격하는 사람이 말한 숫자에 맞추어서 손을 내
미는 가위바위보 게임.

규칙 주먹을 쥔 손은 0, 편 한쪽 손은 5, 편 양쪽 손은
10으로 정한다.

노는법 ❶두 사람이 가위바위보를 하여 이긴 사람이 공격
을 하고 진 사람은 수비가 되어 게임을 한다.

❷공격자는 5, 10, 15, 20 중의 한 수를 말하면서
임의로 손을 내민다.

❸수비자는 공격자의 손의 수가 말한 숫자가 되도
록 나머지 수를 손으로 내민다.

❹수비자가 재빨리 정확하게 손을 내밀면 수비자
의 승리, 그렇지 않으면 공격자의 승리가 된다.

참조 공격자가 틀리게 손을 내거나 숫자를 잘못 말하
면 공격자의 패배.

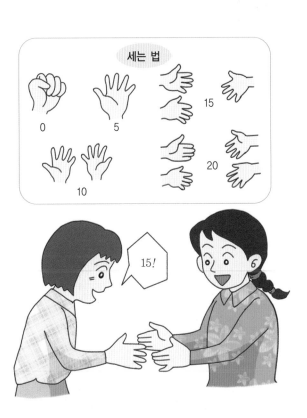

이 손이 미워

마주 보고 의자에 앉아 가위바위보로 이긴 사람
이 상대의 손을 때리는 게임.

준비물 필요 없음.

노는법

❶ 의자에 마주 앉은 두 사람이 각기 자기 왼손을
손등을 위로 해서 상대방 무릎 위에 얹는다.

❷ 이긴 사람은 자기의 무릎 위에 있는 상대방의
손을 때린다.

❸ 진 사람은 맞지 않도록 재빨리 손을 피한다.

❹ 상대의 손을 먼저 세 번 때린 사람이 승리.

이번에는 꼭
때릴 거야!

왼손으로 악수를 한 채 가위바위보를 하여 이긴
사람이 진 사람의 손등을 때리는 게임.

준비물 필요 없음.

노는법

❶ 두 사람이 마주 보고 앉아 가위바위보를 하여
이긴 사람은 진 사람의 왼손 등을 때린다.

❷ 진 사람은 맞지 않도록 오른손으로 방어한다.

❸ 상대방의 왼손 등을 10번 먼저 때린 쪽의 승리.

참조 왼손을 절대로 놓아서는 안 되지만, 상대의 손을
잡은 채 비틀거나 하는 것은 상관없다.

종이에 그려진 9개의 모눈에 ○✕를 그려 넣어
먼저 3개가 이어진 쪽이 승리하는 게임.

준비물 종이 1장, 볼펜 2개.

노는법 ❶3×3의 모눈을 그리고, 각자 자기의 마크를 결
정한다.

❷가위바위보를 해서 이길 때마다 자기의 마크를
그려 넣는다.

❸먼저, 가로세로 대각선 중 어느 것에 3개가 줄선
쪽이 승리.

참조 4×4의 모눈으로 4개가 줄서게 해도 재미있다.

얼씨구,
또 이겼다!

아, 성질
나!

170

양손으로 동시에 가위바위보를 해서 이긴 손으로
상대의 손을 때리는 게임.

준비물 필요 없음.

노는법

❶ 두 사람이 마주 보고 양손으로 동시에 다른 모
양을 내밀어 가위바위보를 한다.

❷ 이긴 손은 상대의 손을 때릴 수 있다. 진 손은
맞지 않도록 재빨리 손을 피한다.

❸ 양손 모두 이겼을 때는 양손으로 상대의 손을
때릴 수 있다.

레크리에이션 도감 **171**

얼굴 표정으로 하는 가위바위보 게임.

규칙 얼굴 표정은 '가위'는 윙크를 한다. '바위'는 볼을 부풀게 한다. '보'는 입을 버린다.

노는법
❶ 서로 "가위바위보"라고 하면서 얼굴 표정을 지어 본다.

❷ 웃으면, 표정으로 이겼다 해도 패배.

참조 이와는 달리 가위는 '웃는 얼굴', 바위는 '우는 얼굴', 보는 '성난 얼굴'로 규칙을 정하는 것도 재미있다.

가위   바위   보

이겼다!

와하하!

얼굴 만지기 가위바위보

얼굴을 손으로 만지면서 하는 가위바위보 게임.

규칙 '가위'는 왼쪽 손으로 볼을 만진다. '바위'는 오른손으로 코를 만진다. '보'는 양쪽 손으로 코앞까지 펼친다.

노는법 ❶ 먼저 자기 얼굴로 가위바위보를 한다.

❷ 익숙해지면 상대의 얼굴을 만지면서 해 보자.

가위   바위   보

발로 하는 가위바위보

두 사람이 '발 가위바위보'를 해서 이긴 사람이
상대의 발을 밟는 게임.

규칙 발 가위바위보는, 가위는 양발을 가지런히 한다.
'바위'는 앞뒤로 벌린다. '보'는 좌우로 벌린다.

노는 법 ❶두 사람이 마주 서서 두 손을 잡고 발 가위바위
보를 해서 승패를 결정한다.
❷이긴 사람은 진 사람의 발등을 가볍게 밟는다.
진 사람은 밟히지 않기 위해 도망쳐도 된다.

174

개가 되어 입으로 가위바위보를 해서 손을 때리는 게임.

규칙 '가위'는 입을 뾰족하게 한다. '바위'는 혀를 내민다. '보'는 입을 벌린다.

노는법

❶ 마주 보고 엎드려서 입 가위바위보를 한다.

❷ 이긴 사람은 "멍멍!" 거리면서 재빨리 상대의 손등을 때린다. 진 사람은 맞지 않으려고 도망친다.

❸ 세 번 지면, 이긴 사람의 주위를 세 번 돌며 "멍멍!" 짖는다.

가위   바위   보

풍선 터뜨리기

가위바위보를 해서 상대의 머리 위에 있는 풍선을 터뜨리는 게임.

준비물 풍선이 달린 헬멧, 종이 막대기.

노는법

① 가위바위보를 해서 이기면 종이 막대기로 상대방의 머리에 있는 풍선을 터뜨린다.

② 한 번 쳐서 터지지 않으면, 진 사람이 반대로 터뜨린다.

③ 터뜨리면 승리이고, 양쪽 모두 한 번에 터뜨리지 못하면 무승부.

④ 게임이 끝나면, 이긴 사람이 많은 조의 승리.

제 5 장
리더를 중심으로 하는
즐거운 게임

손가락으로 대답하기

리더가 말하는 수를 손가락으로 답하는 게임.

준비물 필요 없음.

노는법 ❶ 리더가 여러 사람에게 10 이하의 수를 말하면 그 수만큼 재빨리 손가락을 내밀야 한다. 늦으면 탈락.

❷ "3+5", "4-2", "10-2"처럼 수식을 말하거나 "오징어 다리", "개 다리" 같은 제시어를 말해도 된다.

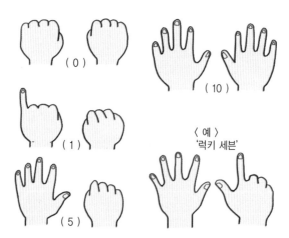

(0)

(10)

(1)

〈 예 〉
'럭키 세븐'

(5)

눈을 가린 술래의 앞을 지나간 사람의 수를 술래가 알아맞히는 게임.

준비물 눈 가리개.

노는법

① 술래를 정하고 눈 가리개를 씌운다.

② 리더의 시작 신호와 함께 멤버 몇 사람이 헤아리기 어렵도록 연구해서 술래 앞을 지나간다.

③ 리더가 "스톱!" 하면 술래는 자기 앞을 지나간 사람의 숫자를 알아맞힌다.

④ 알아맞히지 못하면 술래는 계속해야 한다.

눈을 감고, 리더의 박수 치는 숫자가 지시하는 방향으로 향하는 게임.

규칙 리더가 손뼉을 한 번 치면 오른쪽을 보고, 두 번을 치면 왼쪽을, 세 번 치면 뒤로 돈다.

노는법 ❶전원이 같은 방향을 향해 선다.

❷눈을 감고 리더가 치는 박수의 숫자대로 지시하는 방향을 향한다.

❸1분간 게임을 계속한 후, 모두가 어디로 향하고 있는가를 확인한다.

짝짝

리더가 하늘을 나는 것의 이름을 대면 손뼉을 치
는 게임.

준비물 필요 없음.

노는 법

❶ 리더가 "난다, 난다!" 하면 사람들은 "뭐가 날았
지?" 하고 묻는다.

❷ 리더가 나는 것의 이름을 말하면 사람들은 손뼉
을 친다.

❸ 잘못 손뼉을 치거나 치는 것이 늦은 사람은 게
임에서 탈락한다. 최후까지 남은 사람이 우승.

158 청개구리

리더의 구령과 반대 방향으로 목을 돌리는 게임.

준비물 필요 없음.

노는법
① 전원이 둥글게 늘어선다.

② 리더가 "오른쪽!" 하면 왼쪽으로, "앞!" 하면 뒤로 돈다. 이처럼 구령과는 반대로 목을 돌린다.

③ 구령의 반대 방향으로 목을 돌리지 않은 사람이나 목을 돌리는 동작이 느린 사람은 탈락된다. 최후까지 남은 사람이 우승.

182

책 위에 올린 귤을 손을 사용하지 않고 다른 사
람의 머리 위에 올리는 게임.

준비물 귤, 얇은 책.

노는법

❶참가자는 두 사람씩 조를 짠 다음 5m쯤 떨어져
서 한 사람은 서고 한 사람은 의자에 앉는다.

❷리더의 시작 신호와 함께 선 사람은 얇은 책 위
에 귤을 얹고 걸어가 의자에 앉아 있는 파트너의
머리 위에 손을 사용하지 않고 귤을 얹는다.

❸도중에 귤이 떨어지거나 하면 처음부터 다시 시
작한다. 가장 빨리 머리에 귤을 얹은 팀이 우승.

떨어뜨릴
것 같아. 재
촉하지 마!

아싸!

빨리빨리!

신문지로 공 튕기기

두 사람이 신문의 양쪽 끝을 마주 잡고 그 위에
공을 올려 튕기는 게임.

준비물 공, 신문지.

노는 법

❶ 멤버들은 2인 1조로 조를 짠다.

❷ 두 사람이 한 장의 신문지를 두 손으로 들고 마
주 선다.

❸ 리더의 신호로 신문지 위에 공을 올리고 떨어뜨
리지 않고 오랫동안 공을 튕긴다. 가장 오랫동안
튕긴 팀이 우승한다.

184

두 사람이 젓가락 하나씩을 가지고 그림 엽서를
끼워서 옮기는 게임.

준비물 나무젓가락, 그림 엽서, 우편함.

노는법
❶ 참가자는 2인 1조가 되어 나무젓가락 1개씩을
지참한다.

❷ 리더의 시작 신호로, 나무젓가락으로 그림 엽서
를 끼워 1장씩 우편함에 가지고 가서 넣는다.

❸ 도중에 떨어뜨리면 처음부터 다시 한다. 그림
엽서 3장을 먼저 우편함에 넣은 조가 승리한다.

고리 빨리 잇기

두 사람이 협력해서 종이 고리를 빨리 연결하는
것을 겨루는 게임.

준비물 봉투, 가위, 풀.

노는법 ❶ 2인 1조가 되어 한 사람은 봉투를 잘라 가느다란 종이 고리를 만들고, 또 한 사람은 그것을 각각 찢어서 풀로 붙여 연결시켜 나간다.

❷ 2분 안에 가장 길게 연결한 팀의 승리.

손으로 찢는다.

풀로 붙인다.

2인 1조가 되어, 가위로 폭이 좁은 테이프의 중앙을 잘라 나가는 게임.

준비물 색종이 테이프, 5~6개. 가위.

노는법

❶ 멤버는 2인 1조로 조를 짠 다음 5m 길이로 자른 테이프의 양쪽 끝을 두 사람이 잡는다.

❷ 리더의 신호로, 두 사람 중의 하나가 테이프의 중앙을 가위로 잘라 나간다.

❸ 테이프가 도중에 끊어져 버리면 처음부터 다시 시작한다. 빨리 자른 팀이 우승.

테이프가 끊어지면 처음부터 다시 시작한다.

재촉하지 마!

빨리 해!

164 귤 껍질 벗기기(연인 게임)

남녀 두 사람이 각기 한쪽 손만을 사용하여, 힘을 합쳐 귤 껍질을 벗기는 게임.

준비물 커플 수만큼의 귤.

노는법

❶ 남녀가 2인 1조가 되어, 서로 마주 보고 서서 서로의 왼손을 잡는다.

❷ 한 사람은 오른손을 내밀고, 다른 한 사람은 그 위에서 귤 껍질을 벗긴다. 빨리 벗긴 커플의 승리.

차분하게!

손을 잡으면 안 된다.

2인 1조로 서로의 얼굴과 얼굴 사이에 과일을 끼워 병 위에 올리는 게임.

준비물 빈 병, 커플 수만큼의 사과나 귤.

노는법
① 남녀 1조가 되어 마주 보고 선다.
② 리더의 신호로 두 사람의 볼이나 코, 입, 턱 등 목의 위쪽 부위에 과일을 끼워 병 위에 올린다. 빨리 병 주둥이에 올린 커플의 승리.

166 볼펜 도킹(연인 게임)

남녀 두 사람이 각기 가지고 있는 볼펜과 뚜껑을 합쳐 끼우는 게임.

준비물 볼펜(뚜껑이 있는 것), 눈 가리개.

노는법
① 남녀 1조가 되어 볼펜과 뚜껑을 나누어 가진다.
② 뚜껑을 가진 사람은 눈 가리개를 한다.
③ 볼펜을 든 사람은 손을 움직이지 않고, 파트너를 말만으로 유도해서 펜에 뚜껑을 씌우게 한다. 빨리 씌운 커플의 승리.

참조 또는 한 커플씩 시간을 재어 제일 빠른 시간에 씌우는 커플이 우승을 한다.

190

콩 먹여 주기(연인 게임) 167

빨대를 사용하여, 파트너의 입까지 삶은 콩을 옮겨 먹이는 게임.

준비물 각 커플에 접시와 빨대 1개, 삶은 콩 10개씩.

노는 법

❶ 남녀 1조가 되어 삶은 콩을 담은 접시를 앞에 놓는다.

❷ 한 사람이 빨대를 입에 물고, 빨대로 삶은 콩을 빨아들여 파트너의 입에 넣어 준다. 빨리 콩을 먹어치운 커플이 승리한다.

어휴, 힘들어!

빨대

아~.

삶은 콩

168 맞벌이 부부(연인 게임)

한 커플이 상대에게 넥타이와 앞치마를 매어 주고 입혀 주는 게임.

준비물 커플 수만큼의 넥타이와 앞치마.

노는법

①남녀 2인 1조의 커플이 되어 남성은 앞치마, 여성은 넥타이를 든다.

②리더의 신호로 남성은 여성에게 앞치마를 입히고 여성은 남성에게 넥타이를 매어 준다. 빨리 끝난 순으로 등수를 매긴다.

너무 꼭 매지 마!

참아요, 참아!

빨리 매요!

남녀가 서로 협력해서 바늘 구멍에 실을 꿰는
게임.

준비물 커플 수만큼의 실과 바늘.

노는법

❶ 남녀 2인 1조가 커플이 되어 한 사람은 바늘, 다른 한 사람은 실을 가진다.

❷ 리더의 신호로, 두 사람이 협력해서 바늘에 실을 꿴다. 단, 상대의 손이나 바늘·실에 절대로 손을 대서는 안 된다. 빨리 바늘에 실을 꿴 조부터 등수를 매긴다.

차분하게!

주스 병에 얹은 책 위에 귤을 올려놓는 게임.

준비물 커플 수만큼의 주스 병과 책과 나무젓가락, 각 커플에 귤 3개씩.

노는법
① 남녀 2인 1조가 커플이 되어 마주 앉는다.

② 두 사람 사이에 주스 병을 놓고 그 위에 책을 얹어 놓는다. 병 옆에 귤 3개를 준비한다.

③ 리더의 신호로, 두 사람은 나무젓가락 하나씩을 가지고 그 끝으로 귤을 들어올려 책 위에 얹는다. 귤 3개를 빨리 얹는 커플부터 등수를 매긴다.

아싸!

이런!

두 번째부터 어렵다.
책은 두꺼운 것으로
준비한다.

제 6 장

팀 대항 릴레이로 하는

즐거운 게임

로보트 행진

양쪽 발을 모으고 양쪽 손을 수평으로 벌리고, 양쪽 발을 벌리고 양쪽 손을 아래로 내리는 동작을 되풀이하면서 걸어가는 릴레이 게임.

준비물 필요 없음.

노는법

❶ 맨 앞 사람은 "하나"에서 양쪽 발을 합치고 양쪽 손을 수평으로 한다.

❷ "둘" 하면 양쪽 발을 벌리고, 양쪽 손을 아래로 내린다.

❸ 이 같은 동작을 반복하면서 앞으로 나아가, 목표를 돌아와서 다음 사람과 교대한다.

양쪽 발 무릎에 고리를 걸고 턱 밑에 귤을 끼워서 목표물을 왕복하는 릴레이 게임.

준비물 끈으로 만든 고리 2개, 귤이나 작은 공 2개.

노는법

① 각 팀에서 한 사람씩 나온다.

② 시작 신호와 함께 지름 20cm 정도 되는 고리를 무릎에 건다.

③ 다음에는 턱에 귤(작은 공도 괜찮다)을 끼우고 출발한다.

④ 귤과 고리를 릴레이하여 빨리 끝낸 팀의 승리.

173 발로 하는 깡통 릴레이

각자 의자에 앉아 빈 깡통을 두 발로 받아 옆사람에게 전달해 나가는 게임.

준비물 인원수만큼의 의자, 팀 수만큼의 빈 깡통.

노는법

❶ 각 팀마다 둥글게 안쪽을 향해 의자에 앉는다.

❷ 선두 주자는 빈 깡통을 쥔 손을 앞으로 뻗는다.

❸ 시작 신호와 동시에 빈 깡통을 떨어뜨려 양쪽 발로 받는다.

❹ 다음 사람에게 발로 전달하면 다음 사람은 손으로 받는다. 이런 방법으로 게임한다. 빨리 끝낸 팀의 승리.

도화지를 둥글게 만 통에다 각티슈를 흡착시켜
차례차례 전달해 가는 릴레이 게임.

준비물 사각 화장지.

노는법

① 두 팀으로 나누어 전원이 도화지 통을 든다.

② 시작 신호로 선두가 숨을 들이쉬어 화장지를 통에 붙인다.

③ 옆사람과 호흡을 맞추어 화장지를 릴레이한다.

④ 빨리 끝낸 팀의 승리.

숨을 들이쉬면 되는 거야.

웃기는 카드 전달

코와 윗입술 사이에 끼운 카드를 손을 사용하지
않고 전달해 나가는 릴레이 게임.

준비물 트럼프.

노는법
❶ 3사람 정도로 팀을 만든다.

❷ 시작 신호와 함께 맨 앞에 선 사람은 손으로 카
드를 코와 윗입술 사이에 끼운다.

❸ 다음 사람은 손을 사용하지 않고 카드를 코와
윗입술 사이로 이어받는다.

❹ 빨리 끝난 팀의 승리.

풍선 넘기기

손과 발 이외의 신체 부위를 사용하여 풍선을 옮기는 릴레이 게임.

준비물 풍선 몇 개.

노는법
❶ 몇 개 팀으로 나눈다.

❷ 시작 신호로 맨 앞 사람은 가슴과 턱 사이에 끼운 풍선을 다음 사람에게 건넨다.

❸ 다음 사람은 손발 이외의 어느 부위를 사용해도 되므로 풍선을 건네받아 다음 사람에게 옮긴다.

❹ 풍선을 떨어뜨리면 처음부터 다시 해야 한다.

참조 풍선 대신 귤·공 따위를 사용해도 재미있다.

어려운데…!

목걸이 릴레이

손을 사용하지 않고 목에서 목으로 종이 테이프
로 만든 목걸이를 전달해 가는 릴레이 게임.

준비물 종이 테이프로 만든 목걸이 몇 개.

노는법

① 몇 개 팀으로 나눈다.

② 시작 신호로 맨 앞 사람이 목걸이를 목에 건다.

③ 다음 사람은 손을 사용하지 않고 그 목걸이를
자기 목에 건다.

④ 빨리 끝난 팀의 승리.

두 사람이 마주 잡은 줄의 한쪽에서 다른 한쪽으로 반지를 꿰어 보내는 게임.

준비물 5m 정도의 끈, 반지.

노는법

① 각 팀의 멤버는 두 줄로 마주 선다.

② 시작 신호로 선두에 두 사람이 줄을 흔들거나 올렸다 내렸다 해서 반지를 상대쪽으로 보낸다.

③ 반지를 보낸 사람은 옆사람에게 줄을 넘기고, 반지를 받은 사람은 지체하지 않고 반지를 보낸다.

④ 빨리 끝난 팀의 승리.

탁구공 불기

탁구공을 입으로 불어 반환점까지 굴리고, 올 때는 손에 들고 달리는 게임.

준비물 탁구공 몇 개.

노는법
❶출발선과 반환선을 그어 놓는다.

❷시작 신호로 맨 앞 사람이 탁구공을 입으로 불어서 굴린다.

❸반환점에 도달하면 손에 들고 되돌아와서 다음 사람에게 전해 준다.

❹빨리 전원이 되돌아온 팀의 승리.

204

접시에 담은 2개의 풍선을 떨어지지 않도록 해서
반환점을 돌아 되돌아오는 릴레이 게임.

준비물 팀 수만큼의 접시와 풍선.

노는법

❶ 몇 개 팀으로 나눈다.

❷ 각 팀의 맨 앞 사람은 풍선을 얹은 접시를 한쪽
손으로 잡고 출발선에 정렬한다.

❸ 출발해서 반환점을 돌아 되돌아와서 다음 사람
에게 넘겨 준다.

❹ 빨리 전원이 되돌아온 팀의 승리.

냄비 뚜껑을 머리에 이고, 떨어지지 않도록 해서
반환점을 돌아 되돌아오는 릴레이 게임.

준비물 팀 수만큼의 냄비 뚜껑.

노는법

❶ 몇 개 팀으로 나눈다.

❷ 각 팀에서 맨 앞 사람이 신호와 함께 냄비 뚜껑
을 머리 위에 올린 채 반환점을 돌아 되돌아와서
다음 사람에게 넘겨 준다(손으로 잡으면 안 된다).

❸ 빨리 전원이 되돌아온 팀의 승리.

골판지 스키 182

발의 2배 크기로 자른 골판지를 발밑에 놓고 질
질 끌며 걸어 빨리 도착하는 게임.

준비물 골판지(미리 알맞은 크기로 잘라 놓는다).

노는법
① 몇 개 팀으로 나눈다.

② 각 팀에서 맨 앞 사람이 신호와 함께 양쪽 발밑
에 골판지 1장씩을 깔고 발을 떼지 않고 반환점을
돌아 되돌아온다.

③ 되돌아오면 다음 사람에게 골판지를 건네 준다.

④ 빨리 끝난 팀의 승리.

183 떨어뜨리면 안 돼!

두 개로 포갠 빈 깡통을 받쳐들고 목표물을 왕복
하는 릴레이 게임.

준비물 음료수 등의 빈 깡통 10개.

노는법
①몇 개 팀으로 나눈 다음 각 팀의 맨 앞 사람이
빈 깡통 2개를 가지고 나온다.

②시작 신호에 빈 깡통을 포개어 아래쪽 깡통을
한쪽 손으로 들고 출발한다. 목표물을 돌아서 다음
사람에게 건네 준다.

③도중에 깡통을 떨어뜨리면 주워올려서 계속한
다. 빨리 끝낸 팀의 승리.

우리 편
잘한다!

앗,
떨어졌다!

풍선 나르고 터뜨리기 184

풍선을 무릎에 끼우고 목표물까지 가서는 풍선을
터뜨리고 돌아오는 게임.

준비물 인원수만큼의 풍선.

노는 법

❶ 몇 개 팀으로 나눈 다음 한 사람씩 풍선을 가지
고 출발선에 선다.

❷ 시작 신호로 풍선을 무릎에 끼우고 출발한다.

❸ 목표물에 도착하면 풍선을 터뜨리고 빨리 되돌
아와서 다음 사람에게 릴레이한다.

❹ 빨리 끝낸 팀의 승리.

한 발자국 길이로 전진하는 게임.

준비물 필요 없음.

노는법

❶각 조로 나누어 릴레이 방식으로 경주한다.

❷맨 앞 사람부터 차례로 목표를 왕복한다. 걷는
방법은, 오른발 앞에 왼발을 붙인다. 그 다음에는
왼발 앞에 오른발을 붙이는 것이다. 이런 동작으로
신속하게 반복하여 앞으로 나아간다.

주의   한 발 나아갈 때마다 앞발의 뒤꿈치에 뒷발의
        발끝을 대지 않으면 안 된다.

어구,
힘들어!

잘
하는데!

빈 깡통 굴리기 186

2인 1조가 되어, 빨대로 불어서 빈 깡통을 굴려
목표물을 돌아오는 게임.

준비물 인원수만큼의 빨대, 팀 수만큼의 빈 깡통.

노는법

❶ 몇 개 팀으로 나눈다.

❷ 각 팀의 맨 앞 두 사람이 1조가 되어 시작 신호
와 함께 목표물을 향해서 빈 깡통을 굴린다.

❸ 깡통을 굴려서 출발선에 되돌아오면 다음 팀과
교대한다.

❹ 빨리 끝낸 팀의 승리.

풍선 나르기

두 사람이 이마 사이에 풍선을 끼워 나르는 게임.

준비물 팀 수만큼의 풍선.

노는 법

① 몇 개 팀으로 나눈다.

② 각 팀의 맨 앞 두 사람이 1조가 되어 시작 신호와 함께 이마 사이에 풍선을 끼고 전진한다.

③ 반환점까지 가서 되돌아와 다음 조에게 풍선을 넘긴다.

④ 빨리 끝낸 팀의 승리.

212

방석 업고 달리기

두 사람의 등에 방석을 끼운 채, 떨어뜨리지 않고
달리는 게임.

준비물 팀 수만큼의 방석

노는법

❶몇 개 팀으로 나눈다.

❷각 팀의 맨 앞 두 사람이 1조가 되어 시작 신호
와 함께 등 사이에 방석을 끼고 전진한다.

❸반환점까지 가서 되돌아와 다음 조에게 방석을
넘긴다.

❹빨리 끝낸 팀의 승리.

두 개의 의자를 나룻배로 삼아 강을 건너는 게임.

준비물 팀 수 2배만큼의 의자.

노는법

① 몇 개 팀으로 나눈다.

② 각 팀의 두 사람이 1조가 되어 시작 신호와 함께 의자 2개를 가지고 전진한다.

③ 반환점까지 가서 되돌아와 다음 조에게 의자를 넘긴다. 바닥에 발이 닿으면 출발점에서 다시 시작한다.

④ 빨리 끝낸 팀의 승리.

의자 빨리 놓아!

눈 가리개를 한 사람의 등에 업힌 사람이 업은
사람의 귀를 잡아당겨 방향을 알려 주는 게임.

준비물 팀 수만큼의 눈 가리개.

노는 법

❶각 팀에서 2인 1조가 나와 출발선에 선다.

❷한 사람은 눈 가리개를 하고, 또 한 사람은 눈
가리개를 한 사람의 등에 업혀서 신호와 함께 출발
한다.

❸등에 업힌 사람은 말을 하지 않고 업은 사람의
귀를 잡아당겨 방향을 가르쳐 준다.

❹빨리 출발선에 돌아온 팀의 승리.

배구공 옮기기

신문지 중앙에 뚫은 구멍에 넣은 한쪽 손으로 배구공을 옮기는 3인 1조의 게임.

준비물 팀 수만큼의 배구공과 신문지.

노는법
❶ 각 팀에서 3명이 나온다.
❷ 한가운데의 한 사람이 한 손이 겨우 들어갈 만하게 뚫은 구멍에 주먹을 넣고 배구공을 받쳐든다.
❸ 신호와 함께 출발하여 반환점을 돌아 다음 세 사람에게 인계한다.
❹ 빨리 끝낸 팀의 승리.

빨리빨리 와!

세 사람이 늘어서서 귀와 귀 사이에 2개의 옷걸이를 끼워 옮기는 게임.

준비물 팀 수 2배만큼의 옷걸이.

노는법

❶ 각 팀에서 3명이 나온다.

❷ 시작 신호와 함께 귀와 귀 사이에 옷걸이를 끼우고 반환점을 돌아 다음 세 사람에게 인계한다.

❸ 옷걸이를 떨어뜨리면, 그 자리에서 주워서 다시 끼워 계속한다.

❹ 빨리 끝낸 팀의 승리.

귀가 아파 오는데….

조금만 더 참아.

신문지 만원 전철

신문지를 테이프로 붙인 통 속에 여러 사람이 들어가 반환점을 빨리 돌아오는 게임.

준비물 신문지 3장으로 만든 통, 셀로판테이프.

노는법

❶ 몇 개 팀으로 나눈다.

❷ 시작 신호로 각 팀이 몇 사람이라도 상관없이 신문지 3장으로 만든 통 안으로 들어간다.

❸ 반환점을 돌아 다음 조에 통을 인계한다.

❸ 신문지가 찢어지면, 통 안에 들어가 있던 사람들이 그 자리에서 셀로판테이프로 수리한다.

❹ 빨리 전원이 끝낸 팀의 승리.

218

원 안쪽에 있는 사람을 제한 시간 안에 많이 바
깥으로 끌어내는 게임.

준비물 필요 없음.

노는법

❶ 두 팀이 가위바위보를 해서 진 팀은 원 안쪽에
들어가 앉고 이긴 팀은 바깥쪽에 자리한다.

❷ 시작 신호로 바깥에 있는 팀은 원 안에 있는 사
람을 어떤 방법으로든 바깥으로 끌어낸다.

❸ 원내의 사람은 저항하면 안 된다.

❹ 공수를 교대해서 제한 시간 안에 많이 끌어낸
팀이 승리한다.

밀고 깨뜨리고

손에 든 풍선을 서로 밀쳐서 상대의 풍선을 터뜨리는 게임.

준비물 인원 수만큼의 풍선.

노는법

❶ 두 팀으로 나누어 양팀은 서로 마주 보고 일렬로 선다.

❷ 전원이 한 개씩 풍선을 손에 들고 맨 앞의 두 사람부터 차례대로 풍선을 밎대고 밀친다.

❸ 어느 한쪽의 풍선이 터지면 터진 사람은 탈락하고 뒷사람이 다시 풍선을 맞댄다. 이렇게 계속해서 진행하여 남은 풍선이 많은 팀의 승리.

허리로 풍선 터뜨리기 196

허리에 매단 풍선을 서로 밀쳐서 상대방 풍선을
터뜨리는 게임.

준비물 인원수만큼의 풍선.

노는법

❶ 멤버 전원은 풍선을 허리에 매달고 모두가 한군
데에 모인다.

❷ 시작 신호로 서로의 엉덩이와 엉덩이를 밀쳐서
상대의 풍선을 터뜨린다.

❸ 제한 시간 안에 풍선의 수가 많이 남아 있는 팀
의 승리.

참조 인원이 적을 때는 개인전으로, 끝까지 한 사람이
남을 때까지 한다.

197 의자에 많이 올라가기

한 개의 의자에 가장 많은 사람이 올라가는 팀이
우승하는 게임.

준비물 팀 수만큼의 의자.

노는법

❶ 각 팀 모두 어떻게 하면 많은 사람이 올라설 수
있을까를 서로 상의한다.

❷ 시작 신호와 함께 한 의자에 몇 사람이 올라가
는가를 서로 겨눈다.

❸ 제한 시간 안에 많이 올라간 팀의 승리.

222